博士生感知教育服务质量
——理论、方法与应用

邵宏润◎著

吉林出版集团股份有限公司
全国百佳图书出版单位

版权所有　侵权必究

图书在版编目（CIP）数据

博士生感知教育服务质量：理论、方法与应用 / 邵宏润著. -- 长春：吉林出版集团股份有限公司, 2021.5
ISBN 978-7-5731-0280-5

Ⅰ.①博… Ⅱ.①邵… Ⅲ.①博士生－研究生教育－教育质量 Ⅳ.①G643

中国版本图书馆CIP数据核字(2021)第159893号

BOSHISHENG GANZHI JIAOYU FUWU ZHILIANG: LILUN、FANGFA YU YINGYONG

博士生感知教育服务质量：理论、方法与应用

著　　者	邵宏润	责任编辑	刘晓敏
出版策划	孙　昶	封面设计	雅硕图文

出　　版	吉林出版集团股份有限公司		
	（长春市福祉大路5788号，邮政编码：130118）		
发　　行	吉林出版集团译文图书经营有限公司		
	（http：//shop34896900.taobao.com）		
电　　话	总编办 0431-81629909　营销部 0431-81629880/81629881		
印　　刷	长春市华远印务有限公司	开　本	787mm×1092mm　1/16
印　　张	12.5	字　数	230千
版　　次	2022年6月第1版	印　次	2022年6月第1次印刷
书　　号	ISBN 978-7-5731-0280-5	定　价	68.00元

印装错误请与承印厂联系

目 录

1 绪 论 ·· 1
   1.1 研究缘起 ·· 1
   1.2 服务质量理论基础与研究现状 ·· 6
   1.3 研究目的 ··· 22
   1.4 研究对象、范畴及方法界定 ·· 23

2 博士生感知教育服务质量分析框架 ·· 27
   2.1 分析框架的依据 ··· 28
   2.2 博士生教育服务 ··· 32
   2.3 博士生感知教育服务质量 ·· 44
   2.4 博士生感知教育服务质量与学生满意度 ···························· 51
   2.5 本章小结 ··· 57

3 模型构建与分析方法 ·· 58
   3.1 博士生感知教育服务质量的五维度模型 ···························· 58
   3.2 学生满意度与感知教育服务质量关系模型 ························ 72
   3.3 问卷设计与变量测量 ·· 83
   3.4 本章小结 ··· 96

4 博士生感知教育服务质量的实证研究 ··· 98
   4.1 预调查 ·· 98
   4.2 数据收集与样本描述 ·· 106
   4.3 信度与效度检验 ··· 116
   4.4 模型修订与确定 ··· 126
   4.5 假设检验结果汇总与讨论 ·· 138
   4.6 本章小结 ··· 148

5 博士生感知教育服务质量的现状与问题·········149
- 5.1 有形性质量的现状与问题·········149
- 5.2 可靠性质量的现状与问题·········151
- 5.3 响应性质量的现状与问题·········154
- 5.4 保证性质量的现状与问题·········155
- 5.5 移情性质量的现状与问题·········156
- 5.6 本章小结·········158

6 我国高校博士生教育服务质量的改进策略·········160
- 6.1 加强有形载体建设工作·········160
- 6.2 改进学术训练质量·········161
- 6.3 完善行政教辅人员的激励机制·········163
- 6.4 加强师德师风建设·········164
- 6.5 树立"以学生为中心"的意识·········166
- 6.6 本章小结·········167

7 结　论·········168
- 7.1 研究结论·········168
- 7.2 研究贡献·········171
- 7.3 研究局限·········174
- 7.4 未来的研究·········174

参考文献·········176

附录A　调查问卷·········188
　　关于博士生教育服务质量与学生满意度的调查问卷·········188

附录B　访谈提纲·········192
　　关于博士生教育服务质量的访谈提纲·········192
　　关于学生满意度的访谈提纲·········193

1 绪　　论

1.1　研究缘起

1.1.1　研究背景

伴随着知识经济发展进程的不断加快，国家的综合实力的高低日益体现在人才竞争上。博士生教育是培养高层次人才的主要途径，它所培养的人才更是推动科学技术进步、重大技术创新的主要后备力量。我国博士生教育肩负着为国家建设培养高端人才的重要使命，更是建设国家创新体系和将来占领世界知识经济制高点的重要支柱。面对当前全球范围内的知识、科技创新浪潮，高层次人才在科技创新与经济增长中的重要作用不言而喻，博士生教育的意义也进一步显现出来。

我国的博士生教育虽然起步晚，但是起点高，发展速度较快。改革开放以来，我国已经建立起比较完整的博士生教育体系，其培养能力不断提高，教育规模持续扩大，质量稳步提升。但与世界高等教育发达国家相比，我国博士生教育与其差距是显而易见的，尤其体现在教育质量上。教育质量成为了制约我国博士生教育发展和人才竞争力提升的重要因素。由于博士生教育内外部的变化，更多的利益主体（政府、用人单位、家长、博士生等）较以往而言也更加关注于博士生教育的质量问题。

2007年9月，国务院学位委员会、教育部、人事部联合下发了《关于开展全国博士质量调查工作的通知》，明确提出了"进一步提高博士质量已成为当前我们面临的主要任务[1]。"2014年《国务院 学位委员会 教育部关于加强学位与研究生教育质量保证和监督体系建设的意见》中也强调"鉴于当前培养高层次人才的新形势，我国研究生教育改革发展最紧迫、最核心的任务就是提升教育质量[2]。"2017年《学位与研究生教育发展"十三五"规划》提出了"把服务需求、提高质量作为发展主线[3]。"一系列文件政策的出台也体现出国家对博士生教育质量的重视程度。

学术界围绕博士生教育质量问题也开展了多项研究，虽取得了丰硕的成果，但在研究中也出现了些许不足。首先，大部分研究从博士生教育结果的角度，得出我国博士生培养质量稳步提升，但缺少对博士生在学过程质量的询问[4,5]。而教育过程质量恰好是博士生教育质量的一个非常重要部分。研究中只根据结果质量推测教育发展（过程）质量，其科学性有待商榷，同时，只针对教育结果的测量也不容易发现教育过程中存在的问题。在欧洲，博士生教育最显著变化是从关注学术论文质量转向关注教育过程质量。英国的帕克提出了对博士生教育质量的调查要从产品视角转向过程视角[6]。可见，关注博士生教育过程质量已是世界趋势。当然，我国的研究也有提到要以"过程本位"对博士生教育质量进行研究[7,8]，但对于"过程"到底是什么，却没有进行解答。

其次，研究中没有确定博士生教育的属性。在进行一项研究前，对研究对象的属性进行分析是非常必要的，这更有助于选取合适的研究角度。博士生教育是发生在教职工和博士生之间的一系列活动，可以说没有博士生的参与，教育活动无法完成。另外，博士生教育的产品是无形的，无法像生产有形产品那样，根据相关标准、条件进行生产；它的生产因教师不同而有所差异。

再者，博士生教育产品的生产与消费是同时进行的，教职工和博士生是在同一时空下进行教育活动。因此，我们不难发现博士生教育是具有服务属性的。从服务视角认识博士生教育过程，则能突显出博士生在教育过程中的主体性。把教育看成服务，从博士生参与者角度来观察分析质量，才能观察到教育质量的关键特征。

针对博士生教育质量研究的不足之处，我们要在明确博士生教育的属性基础上，更加关注博士生教育的过程质量。博士生教育的服务属性揭示了博士生教育就是一种服务。博士生教育服务决定了博士生的主体地位。然而，深入观察我国高校博士生教育的现状，学生主体地位的惯性缺失的问题依然突出，学生的感知体验并没有得到高校应有的重视。尊重博士生的感知，必然要关注博士生教育服务的过程。在一定程度上，博士生对教育过程中的感知体验就是博士生教育服务质量。因此，博士生教育服务质量应当是从学生感知的角度看待高校的博士生教育服务质量，明晰服务质量生成过程中存在的问题、影响因素以及关键环节。

1.1.2 研究问题的提出

结合上述研究背景，随着博士生在经济增长和科技创新中的重要作用日益凸显，考量我国的博士生教育质量更加依赖于博士生的主观感知与体验，博士生教育为学生服务的属性更加明显。目前，高校内部博士生的角色与地位没有进一步的理顺，博士生的需求没有得到应有的考虑和重视；博士生教育的服务属性也没有进一步分析论证；博士生教育质量测度体系不能从学生感知服务视角提供操作性的框架和指导性的依据。基于学生感知的博士生教育服务质量成为了现实问题，依据博士生在学过程的感知体验和满意度来测量博士生教育服务质量成为了根本问题。

就在学的博士生数量而言，普通高校的博士生数量远远高于科研院所，普通高校的博士生教育服务水平引领了博士生教育质量的主流和趋势。因此，高校的博士生教育服务质量的测度与改进对提升我国的博士生教育质量具有举足轻重的地位。普通高校的博士生教育服务与科研院所的博士生教育服务的本质区别在于：一是两者虽都受政府的管理，但高校更多受中央政府和地方政府的管理，而科研院在这方面受到管理的强度较弱；二是高校的基础教育条件较好，本身的博士生教育属性更为突出，而科研院所的专业研究条件较好，缺少为博士生提供全方面的教育服务，教育属性稍弱。

从服务视角出发探索博士生教育质量，为我们了解博士生教育质量现状和质量改进提供了有力的工具。服务视角揭示了博士生教育的基本属性。博士生教育的实质是发生在博士生和教职工之间的活动，这种活动可认为是教育服务提供过程。因此，研究的核心问题应该是博士生教育服务质量，把博士生教育质量看作博士生教育服务质量，才能真正抓住教育服务过程中的关键特征。

学生感知打开了博士生在学过程体验的暗箱。学生感知确立了博士生在教育服务经历中的主体地位，为博士生在教育服务质量的测量中的角色和地位提供了新的解释，也为博士生感知教育服务质量中主客体、构成要素提供了学理依据。博士生教育服务质量离不开博士生对在学经历的感知与体验，博士生作为参与博士生教育服务的生产与消费的主体，在博士生教育服务质量测量中具有重要的地位。

感知服务质量理论对服务质量的测量进行了深入的研究，解释了满意度作为服务质量测度标准的科学性。这些理论为系统探究博士生感知教育服务质量奠定了基础。满意度作为服务质量的结果体现，通过二者的影响关系揭示出服务质量的关键维度。ISO9000质量标准的核心思想也认为满意度是衡量服务质量的终极标准。满意程度高低可以反映服务质量的水平，反过来说，服务质量的高低对满意度存在影响。以上的理论可知，感知服务质量研究中，满意度与其息息相关。满意度一方面反映了感知服务质量水平的高低，另一方面通过二者之间的影响关系可判断感知服务质量的重要维度。因此，在研究博士生感知教育服务质量问题时，学生满意度成为我们不可忽视的重要结果因素。

综上所述，本书的核心问题是基于学生感知的博士生教育服务质量。其中，包含了以下几个子问题：

博士生教育的本质属性是什么？如何界定博士生教育服务？它有哪些特性、有哪些构成要素？如何界定博士生教育服务质量的概念？它的构成要素是什么？博士生感知教育服务质量都包含哪些内容？博士生感知教育服务质量与学生满意度有哪些联系与区别？在博士生教育服务过程中，学生感知教育服务质量和学生满意度之间呈现何种作用关系？产生了哪些问题？这些问题产生的原因是什么？如何通过有效的质量改进策略来提升博士生教育服务质量……这一系列问题是我国博士生教育质量改进中必须面对和解决的重要问题。

基于此，本书在博士生教育质量的框架内出发，将博士生教育服务质量置于博士生教育质量的视阈下，回答博士生教育到底是什么，分析博士生教育的服务属性，阐释博士生教育服务的内涵、构成要素与特征，界定博士生教育服务质量的内涵和要素，分析学生满意度成为博士生教育服务质量测度的一个标准的可行性，反映我国高校博士生教育服务质量现状及问题，探讨如何改进博士生教育服务质量从而提高学生满意度，实现真正意义上的博士生教育过程质量的改进，进而提高博士生教育质量。

1.1.3 研究意义

博士生教育质量关系到国家的科技进步和经济发展，因此，提高博士生的教育质量的意义不言而喻。从服务角度来研究博士生教育质量，为分析博士生教育质量存在的问题提供了新视角。博士生感知教育服务质量是对高校的服务属性的匹配和适应，它强调了高校为学生提供教育服务的过程质量，以学生满意度作为结果的体现。保障了高校提供的教育服务过程符合相关规定和博士生要求，强调了博士生教育服务质量各维度对学生满意度的作用关系，有利于抓住教育服务质量的关键特征。

（1）理论意义

第一，丰富了博士生教育质量测量体系。有效和规范的测量是博士生教育质量保障的有效路径。博士生教育服务质量的维度的探查和测量量表的生成，丰富了我国博士生教育质量测量的理论基础和研究方法，为研究博士生教育质量增添了新的视角。在博士生教育服务中，博士生占有主体地位，他们是参与教育服务"生产"和"消费"教育服务的直接群体。博士生通过与教职工共同参与学位论文撰写、学术交流、课程学习、日常管理等活动，他们成为一定意义上的教育服务质量"评价人"、"监督人"和"改进人"。综上，了解学生的需求和学生的真实学习科研体验，重视博士生教育服务过程进行评价，为高校实施服务质量测评提供有益的理论参考及切实可行的操作方案。

第二，深化了研究生教育质量管理的理论。我国建立研究生教育与学位制度的时间只有30多年的时间，教育质量管理一般是以研究生为对象展开，但博士生相对于硕士生来说有本质区别，我国在博士生教育质量测量上没有形成系统完整的理论体系。基于此，对博士生教育服务质量有关问题进行理论分析与研究，可以深化我国当前博士生教育质量管理的理论。

（2）实践意义

第一，增强博士生在质量测量中的主体地位。目前，虽然学生是消费者或者顾客仍存在争议，但学生支付了一部分学费，学生的消费者身份是成立的。另外，通过属性分析，博士生教育活动具有服务性，博士生教育的过程就是一种服务。由此，博士生作为教育服务的重要参与者，其主体地位是不言而明的。在实践层面，也少有研究从学生感知服务的角度来研究博士生教育质量。因此，本书为博士生教育质量研究开拓了新的视角，博士生对自身真实体验到的教育服务的实际情况进行评价反馈，不仅增强了学生的主体地位，而且也增强了博士生参与科研的兴趣。

第二，本书关注的是我国高校的博士生教育服务质量的测量的有效运用。在质量测量上，形成了一套规范科学的教育服务质量测度量表。针对新时期国家对博士生教育质量保障的关注，改变已有的以政府主导的，以结果为导向的博士质量调查方式，突出了博士生对在学经历的感知，从服务的视角衡量博士生教育质量，对高校测量与改进与提升博士生教育质量具有重要的现实借鉴意义。

1.2　服务质量理论基础与研究现状

1.2.1　服务质量定义的研究

国内外对于服务质量（service quality）的概念，并没有统一的定义。由于研究者的研究问题、目的、视角以及方法的差异，在服务质量的研究中，对服务质量的概念界定存在着诸多的差异。

关于服务质量定义可以追溯到北欧的著名学者格朗鲁斯（Grönroos）。由于服务于实体产品比较，服务具有无形性、不可分离性、不可存储性、异质性，而且也不像实体产品具有所有权的转移。同时，服务有别于产品的另一个属性是顾客参与服务的生产过程，顾客对服务过程有所体验感知。正是由于这些特征，导致服务不可能像其它的产品一样，顾客可以根据产品的外观、周期寿命等客观上的指标进行质量的判断。根据以上论述，1982年格朗鲁斯运用认知心理学的基本理论，首次提出了顾客感知服务质量的概念。他认为顾客感知服务质量即是顾客期望的服务和实际接受的服务之间的差异[9]。后续美国学者Parasuramn，Zeithaml 和 Berry三人（PZB）在格朗鲁斯的研究基础上，从差距的视角，对服务质量进行了界定，认为服务质量就是顾客感知到的服务与自身期望的服务水平之间的差距[10]。从此，开启了顾客感知的服务质量研究的时代。

顾客感知的服务质量的概念，把顾客感知视为服务质量评价的标准，与产品质量的概念不同，服务质量是顾客对服务过程和结果的感知过程，而产品质量不过是基于产品的外观和工艺等的标准化。关于服务质量概念的界定大体可以分为三类：

第一类，把服务质量界定为"期望与实绩的比较"，以顾客期望的服务、顾客感知到的服务的实际水平及它们二者之间比较后产生的差距或差异作为服务质量。例如，格朗鲁斯（Grönroos）认为顾客感知服务质量是"顾客对服务的期望（Expectation）与实际接受服务的效果（Perceived Performance）两者间的比较"[3]，PZB认为"顾客对普遍服务提供者服务绩效的期望与他们对某一特定企业的实际表现的感知之间的差距"[4]，Lewis Booms认为是"一种衡量服务水平能否满足顾客期望程度的工具"[11]，Oliver认为是"顾客对服务的期望与服务传递过程中的感知之间的差异"[12]。按照Grönroos等人的理解，服务质量可以根据顾客的服务期望、顾客对服务绩效的感知、期望和实际表现来定义。

第二类，把服务质量界定为"服务的实绩水平"，这种定义是基于认为事后对顾客期望进行测量的不科学性，并且认为顾客在消费服务过程中会不自觉的根据服务绩效的感知对事先的期望进行调整，因而有学者认为服务质量就是消费者感知到的服务的绩效水平。在内容上去除了顾客对服务的期望，提出顾客感知到的服务实际水平就是服务质量的观点。这种观点以Cronin和Brady为代表。Cronin最早提出"顾客感知到的服务过程和结果的实际水平就是服务质量"的观点[13]。Brady提出的定义补充了早期的Cronin的观点，认为"顾客对与服务提供者的互动过程、环境和服务结果的体验是服务质量。[14]"

第三类，把服务质量界定为"满足顾客需要的程度"，这种定义是基于把服务看成一种无形产品来界定的，遵从"质量"的专业定义。如黄耀杰等人认为"服务活动的一组固定特性满足顾客要求的程度"[15]。范秀成认为"在服务交互过程中满足顾客消费需求的程度。[16]"陈朝兵认为"服务提供过程及结果中的固有特性满足相关规定要求和顾客要求的程度。[17]"

上述三类有关服务质量的定义，可以说是定义的侧重点有所不同的，但本质上都认为服务质量体现的是满足顾客需要的程度。从顾客角度理解服务质量的内涵，具有主观性，但从服务提供者的角度来理解服务质量内涵则具有客观性。可以说，服务质量的定义是主观和客观的综合体。客观是指服务提供者为顾客提供的服务是有一定标准或者规格的，具有一定客观性，管理经营者往往要求服务提供人员按照此标准或规格为顾客提供服务。服务质量同时更是一个主观性很强的概念，无论从顾客还是服务提供者来说，服务是人与人之间的一种活动，因而在服务传递过程中，由于服务提供者的性格、能力的不同，顾客之间也存在各种差异，因而不同的人提供同种服务可能产生的结果完全不同。服务质量是顾客对服务活动满足他们需要的程度的一种主观价值判断，满足需要的判断来自顾客的先前消费经历或者在购买服务前获得的信息。

1.2.2 服务质量构成的研究

学术界关于服务质量构成的研究成果中，有两个模型得到普遍认可，后续研究者基本以此来展开研究。两个模型分别是Grönroos（1984）的"顾客感知服务质量模型"（Customer Perceived Service Quality Model）和PZB（1985）的"服务质量的差距模型"（Gaps Model of Service Quality）。

1. 顾客感知服务质量模型

Grönroos感知服务质量包括技术质量（technical quality）和功能质量（functional quality）两部分，技术质量指顾客接受服务后，他们得到了什么，也称之为结果质量，而功能质量服务单位是怎样向顾客提供各项服务的，强调服务提供的过程质量。以技术质量和功能质量为基础，他构建了"顾客感知服务质量模型"（图1.1）。模型中强调服务质量是由顾客进行评价的，技术质量和功能质量的要素划分，将服务质量与产品质量彻底划分开来。从模型中可以看出，顾客感知的服务质量决定于顾客期望质量与感知到的实际质量之间的差距，而不是决定于服务的技术质量和功能质量。如果顾客对所接受的服务的实

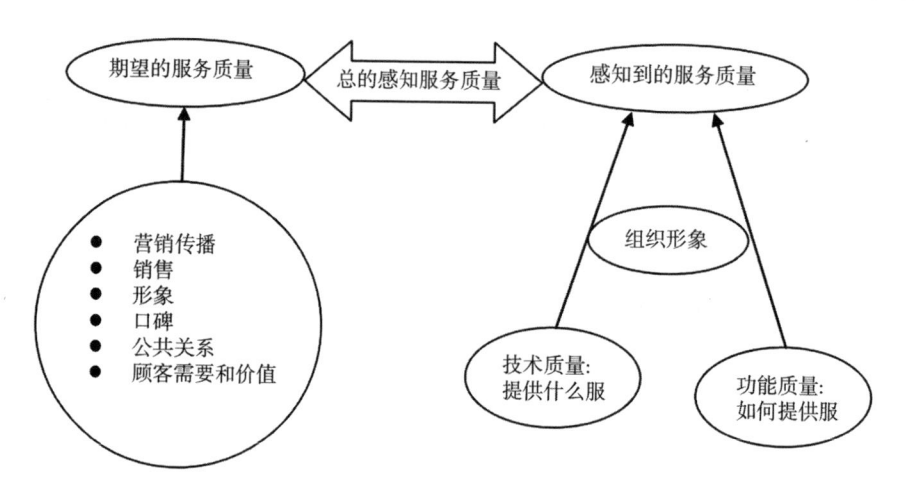

图1.1 格朗鲁斯感知服务质量图

Fig.1.1 Grönroos' service quality model

际水平的感受大于期望水平，表示顾客所感知到的服务质量是优秀的；若顾客感知到的服务实际水平并没有超过他的期望水平，即便实际服务水平达到了客观规定的标准，顾客感知服务质量仍然很差。

2.服务质量差距模型

1985年PZB通过深度访谈和焦点小组访谈提出了"服务质量差距模型"（图1.2），并对"感知"和"期望"进行了定义，"感知"是服务通过顾客的感官在他们脑中的直接反应，"期望"是顾客对接受服务前勾画出的一种标准。

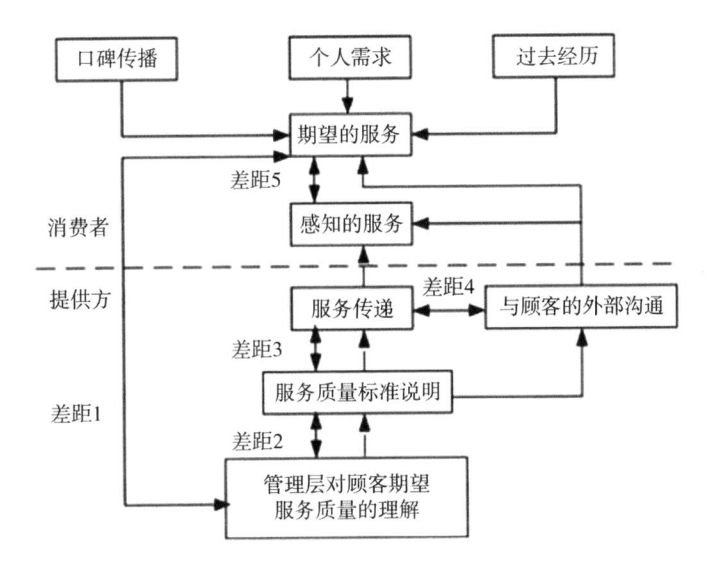

图1.2　PZB服务质量模型

Fig.1.2　PZB service quality model

从上图中，可以发现在任何服务的生产和传递中，各个环节均有可能产生差距。这些差距正是顾客认为服务根本无法满足他们的需要的重要原因。如果要满足顾客的需要，那么就要满足图中所表示的服务的五个差距，差距1到差距4来自服务的提供方，差距5来自于消费者自身。差距1至差距5如下：

差距1：消费者的期望和提供方认知之间的差距。造成差距的原因可能在于服务提供方首先并不真正了解消费者到底期望什么样的服务，从而提供方所提供给消费者的服务也并不符合他们的需要。这就造成了提供方的服务质量与消费者所希望的服务质量有所差距。

差距2：服务质量标准与提供方认知之间的差距。服务质量标准的制定一方面来源于行业规定，另一方面来源于消费者的期望。在这个差距中，提供方对市场变化较为不敏感，或者是资源的匮乏而导致无法很好地了解消费者的期望。由此，在为消费者提供各项服务时，就很难满足消费者的服务需求与期望，从而差距产生。

差距3：服务质量标准与服务传递之间的差距。提供方虽然对服务质量规定了相应的标准，但由于服务提供者的学识、能力、性格等的不同，在服务接触的真实瞬间可能具有不同的表现。另外，同一服务提供人员在不同时间、地点所提供的服务都有可能不同。

差距4：服务传递与外部宣传之间的差距。服务宣传是向消费者展示服务的重要环节之一。但是在服务宣传中，很多服务提供方夸大服务效果，或者过多的承诺于消费者，都会使消费者在没消费服务之前，就认为其服务质量较好。当消费者接受服务时，则发现服务质量并没有宣传的那么高，根本没有达到他们的期望。

差距5：消费者期望与消费者感知之间的差距。该差距是消费者在接受服务前和接受服务后的比较。在没接受服务之前，消费者会对服务产生一定的期望，在接受服务过程中，则会有实际的感受出现，这种感受与期望之间可能不同，差距由此产生。这种差距一般有三种情况：消费者的期望高于消费者的感知、消费者的期望的服务正是消费者感知的服务、消费者的期望低于消费者的感知。顾客感知的服务超出期望的服务时，会认为服务质量很好；当感知服务正好等于期望的服务时，顾客则认为该服务质量是可以接受的；当低于的情况出现时，顾客则认为服务质量很差。同时PZB还认为消费者过去的经历和需要，以及服务提供方的形象口碑，这些因素都是影响消费者期望的重要因素。因此，PZB定义的服务质量是感知服务质量，它等于实际感知的服务（Perceived service）—期望的服务（Expected service）。

模型中差距1-4都会对差距5产生影响，可见，差距5是差距1-4的函数。可以得出感知服务质量是差距5形成的，弥补或消除前4个差距会提高顾客感知服务质量。

PZB在"服务质量差距"模型的基础上，由差距5产生了评价服务质量的10个维度，分别是可靠性、胜任力、礼貌性、沟通性、响应性、便利性、信用性、安全性、有效性和熟悉性。但在1985年他们没有做进一步的实证检验，他们指出这些维度和题项还需进一步的实证研究。他们在1988年进行了实证研究，把服务质量原来的10个维度简化为5个维度，分别是有形性、响应性、可靠性、保证性和移情性。

在Grönroos 和PZB的服务质量构成的基础上，很多学者依据不同标准，按照研究目的也给出了服务质量的构成要素。如Cronin和Taylor认为服务质量是由有形性、可靠性、响应性、移情性、保证性构成；Rust 和Olive认为由服务产品、服务传递、服务环境构成[12]；Brady 和 Cronin认为由互动质量、实体环境质量、产出质量构成[18]；朱沆、汪纯孝认为由环境质量、技术质量、感情质量、关系质量、沟通质量构成[19]；范秀成认为由技术质量、交互质量量构成[16]；白长虹，陈晔认为由功能质量和过程质量构成[20]；陈学军认为由服务技术、服务可靠性、服务承诺、责任性、服务环境构成[21]。

从已有研究成果可以看出，服务质量的构成因研究问题、目的和对象等的不同而呈现出差异，这些构成要素中也有共同的要素，如有形性要素、服务人员的态度、行为和响应等等。在不同的研究领域，实证提取的要素从结构和数量上也不尽相同。可以说，服务质量的构成虽以Grönroos和PZB的服务质量构成研究成果为基础，但至今也未能形成统一的构成标准。

1.2.3 服务质量测度的研究

学者们不仅对服务质量的概念和构成进行了研究，还在服务质量的测度问题上做了大量工作。学者们以顾客感知服务质量的定义和PZB的服务质量模型为基础，开发出测度工具。截止目前，得到广泛使用的服务质量测度工具有PZB的SERVQUAL量表[22]，Cronin 和 Taylor的SERVPERF量表。由于学者的测量目的和测量的领域的不同，两个量表在使用上呈现不同，但在后续的研究中使用SERVPERF量表成为一种主流趋势。

SERVQUAL量表在后续的服务质量测度的研究中得到了广泛的使用，但有部分学者在不断进行的关于服务质量评价的后续研究中对PZB的服务质量评价模式与量表提出了不同的看法（Carman[23]，1990；Finn & Lamb[24]，1991；Cronin & Taylor[7]，1992等）。

Carman（1990）指出SERVQUAL量表中，顾客要分别回答感知的服务质量和期望的服务质量，在计算时取两者的差。其中的问题是顾客回答感知的服务水平和期望的服务水平都是在顾客消费之后，顾客在接受了服务后才被询问服务的期望，所得的结果并非是顾客在没有接受服务前的期望，因为顾客在接受服务时会不断根据自己的感知调整原有的期望。因而他认为在事后测量顾客的服务期望是不符合逻辑的，并且所得的数据也是不准确的。为此，他提出两种建议：第一，直接测量顾客期望服务与感知服务的差距，第二将所有消费者的期望数据取平均值，然后仍然用公式Q=P-E。

提出上述质疑的还有Cronin和Taylor（1992），他们提出顾客感知到的服务水平就是该项服务的质量。因此他们不再对顾客期望的服务水平进行测量而是直接测量顾客感知到的服务表现。因而，他们提出了"感知绩效服务质量（SERVPERF）"测量方法。他们运用该方法进行了实证的研究，在题项设计上大多数继承了SERVQUAL量表中的题项，并与SERVQUAL进行了比较，SERVPERF在信度和效度上都要优于SERVQUAL。Cronin和Taylor还提出可以把顾客重视程度作为权重，以达到平和顾客态度的主观程度，所以SERVPERF有两种方式：（1）SQ=P；（2）SQ=I*P，其中SQ表示服务质量，P表示顾客对服务表现的感知程度，I代表顾客服务表现的重视程度。

Brown et al.（1993）也持有同样的观点，认为采用感知与期望的差距来测量服务质量是不科学的，导致服务质量更加难以测量。他提出了直接衡量顾客感知与期望的差异的方法，Brown（1993）把这种测量服务质量的方法称为非差异测量（non-difference）[25]。这种方法与Carman的设计思路是一样的。但它形成了完整的测量量表，采用SERVQUAL相似的22个测量题项。

表1.1　SERVQUAL量表

Tab. 1.1　SERVQUAL scale

维度	题项
有形性	1.组织有先进的服务设施 2.组织服务设施使人感到留恋 3.组织的员工衣着端庄，干净利落 4.组织用于服务的资料设施齐全

续表

维度	题项
可靠性	5.组织及时兑现承诺
	6.组织尽全力帮助顾客解决困难
	7.组织是可靠的,自始至终提供好的服务
	8.组织能准时提供所承诺的服务
	9.正确记录相关的服务
响应性	10.组织应该通知顾客开始提供服务的时间
	11.顾客期望组织员工提供迅速及时的服务
	12.组织的员工总是愿意帮助顾客
	13.组织的员工无论多忙都应该及时回应顾客的要求
保证性	14.组织的员工提供服务时的言行举止得到顾客的信赖
	15.在服务接触中顾客感到
	16.组织的员工礼貌待人
	17.组织的员工有充足的知识回答顾客的问题
移情性	18.组织应该对顾客给予个别的关照
	19.顾客得到组织的员工的个别关注
	20.顾客需求得到组织的员工及时了解
	21.顾客的利益得到了组织的优先考虑
	22.组织提供服务的时间是便于顾客的

可见,SERVPERF和Non-Difference两种方法在运用上都比较相似,二者均是以SERVQUAL的22个题项为它们的基础题项。但SERVQUAL、SERVPERF、Non-Difference三种方法在测量的方式上是不同的,SERVQUAL所测量的是顾客感知与期望,SERVPERF所测量的只有顾客的感知,而Non-Difference是直接对顾客期望与感知的差异进行测量。

从SERVQUAL量表的适用领域来看,它并不能适用于所有的服务领域。Finn & Lamb(1991)则通过实证研究提出SERVQUAL并不能适用于零售业

[19]。Carman（1990）也提出了同样的观点，他认为由于服务的不同类型和不同性质，其顾客感知的维度会发生变化。PZB的SERVQUAL量表是在银行、信用卡、长途电话公司、维修厂四个服务行业做的实证检验，得出了五个维度，在其他服务行业是否也是这五个维度还需进一步考量。

因而，从上述学者们对PZB的研究的不同意见中可以得知，服务质量是会受到不同性质服务行业的特征影响的，所以在SERVQUAL量表的应用上应该首先根据不同行业的情况与特性进行适当的调整。

综上，SERVQUAL的确在服务质量测度的研究中具有代表性，虽然有些学者提出批评意见，但它得到了广泛的应用，并取得了很好的效果。PZB针对其他学者提出的意见，对量表进行修正，而且到目前为止没有学者提出更加完整而全面的服务质量评价量表。因此从已有的文献可以看出SERVQUAL量表是目前服务领域广泛使用的质量评价量表。后续学者的SERVPERF、Non-Difference的开发也是在SERVQUAL的基础上进行修订的。SERVPERF量表对顾客感知到的服务进行直接测量，不但节省了被调查者填写问卷的时间，而且实证研究表明SERVPERF量表的信度和效度要优于SERVQUAL量表。

1.2.4 博士生教育服务质量的研究

1.高等教育服务质量的相关研究

20世纪90年代，随着高等教育的服务性质逐步增强，学者也将服务质量引入到了高等教育领域，从此开启了对高等教育服务质量的研究。在高等教育服务质量的研究中，学者主要从高等教育服务的概念与特征、高等教育服务质量的概念与构成、高等教育服务质量的测度等范畴展开。

在高等教育服务的概念与特征的研究上，主要存在两种观点：一种观点认为"高等教育服务是指高等学校为了提高学生的能力素质，教职工使用相关的设备设施，教学手段与学生发生的一系列活动；这些活动作为一种非实物形态的产品而存在。"[26]。此观点认为高等教育的产品就是高等教育服务。换言之，高等教育是一种具有服务性质的实践活动。另外，高等教育服务也是一种准公共产品，它既有公共性也有私人性，既有使用价值也有交换价值。

另一种观点认为高等教育服务是一种活动。如胡子祥认为"高等教育服务是高等学校向学生提供的满足其物质和精神需要的教育活动及过程"[27]。洪彩真认为"高等教育服务是高职院校为学生提供的教育活动的过程"[28]。类似的定义还有,刘敬严认为"高等教育服务是高校教职工使用教育教学手段为学生提供精神产品的活动过程。"罗长富认为"高校为研究生提供的教育活动的全过程就是研究生教育服务[29]"。

学者分析高等教育服务的特征发现,高等教育服务在具有服务的基本特征的同时也具有自身的一些特征。如Shank,Walker和Hayes(1995)认为从服务传输过程、变化波动和学生参与服务过程来看,教育具有服务性行业的属性,如无形性(intangibility)、差异性(heterogeneity)、不可分离性(inseparability)[30]。Cuthbert认为高等教育服务不是人人都能享有,具有选择性的特征[31]。Licata和Frankwick认为高等教育服务交付的时间周期很长,是一个连续互动的过程,学生的参与程度非常高,因此高校与学生是一种较为稳定长期的关系[32]。也有学者提出类似的观点,认为教育服务结果具有长效性、服务效用的特殊性[24,33]。

在高等教育服务质量的概念和构成上,关于高等教育服务质量的定义,主要有三种观点,一是认为高等教育服务质量是学生期望与学生感知的教育实际水平的比较结果,如PZB认为"教育达到或超出学生的期望。[4]";二是认为"达到既定的标准",如Juran(1988)定义为"教育经历与结果效用的适用性"[34],与Juran的观点类似,Gordon和Partigo认为高等教育服务质量指"学校提供的教育服务使学生能够有效地达到有价值的学习目标和适合的学术标准"[35];三是认为"高等教育服务质量就是学生的满足程度",如胡子祥认为"高等教育服务质量是教育服务的固有特性满足学生明示的、通常隐含的或必须履行的要求或期望的程度"[36],罗长富认为"研究生教育服务质量是指在特定的环境和背景下,研究生教育服务本身所固有的、满足个人、社会以及学科发展明确或潜在的需求的程度"[24]。从以上的三种定义来看,就本质而言,高等教育服务质量仍然体现在高校的教育服务活动满足学生需要的程度上。

关于高等教育服务质量构成的研究上,学者基本以Grönroos(1984)和PZB(1988)的服务质量构成为基础展开研究。如Firdaus认为由非学术、学术、可靠性、移情性构成[37],Gary Don Schwantz认为由有形性、可靠性、响应性、保证性和移情性构成[38],Oldfield和Baron认为由必要元素、可接受元素、功能性元素构成[39]，与Gary Don Schwantz James类似的观点，Lampley认为博士生感知服务质量是由可接近性、公共关系、响应性、事务管理、记录、教学计划、硬件设施等构成[40]。Soekisno Hadikoemoro认为由学术服务与设施、准备性与关注性、公平与公正性、有形性、一般态度构成[41]。

国内关于高等教育服务质量构成研究，如顾佳峰认为高等教育服务质量由互动性、可信性、价值性、保证性、关怀性和外观性构成[42]。欧阳河等人从毕业生满意的视角认为高等教育服务质量由学习服务、学术支持、学习资源、学习环境、学生服务、个人发展构成[43]。张美娇、韩映雄认为博士生教育服务质量由课程教学、导师指导和学术支持构成[44]。与欧阳河等人的观点类似，刘敬严认为由课程教学、教职工服务、学术资源、校园环境、生活食宿等构成[45]，胡子祥认为由设施设备、后勤、学校形象、可靠性、就业服务等构成[32]。还有多位学者认为高等教育服务质量由有形性、可靠性、响应性、保证性和移情性构成[23,24,29]。

在高等教育服务质量的测度研究上，学者主要以SERVQUAL量表和SERVPERF量表为基础，按照研究问题、目的、视角等进行修订，最终形成一些新的测度高等教育服务质量的量表，如HEdPERF、HEDQUAL、SQM-HEI等。运用SERVQUAL方法进行测量的，如Gary Don Schwantz[34]、Lampley[36]、Hill[46]、Joseph and Joseph[47]、Angell et al.（2008）[48]、马万民（2004）[29]等；运用SERVPERF的有Oldfield &Baron[35]、Josep Gallifa Pere Batallé[43]、胡子祥[33]、宋彦军[49]、刘敬严[41]等。Firdaus，A开发出HEdPERF量表[33][50]。G.E. Icli* and N.K. Anil在此基础上开发出HEDQUAL量表，用于测量MBA教育服务质量[51]。N.Senthilkumar and A. Arulraj开发了SQM-HEI量表用于测量大学的服务质量[52]。

2.博士生教育质量的相关研究

关于博士生教育质量的研究，主要集中在博士生教育质量的调查上。2007年三部委在国内开展过一次全国范围的博士质量调查；周光礼以U/H大学为例，进行了博士质量调查研究；其余则是学者开展的小范围的质量调查。

2007年，三部委开展的博士质量调查，被调查者从培养制度、质量现状评价等角度进行了详细回答。质量现状围绕基础和专业知识水平、相关学科知识水平、外语水平、创新能力、组织与协调能力、使命感和责任感、思想道德水平、科研能力、学位论文质量九个方面展开。培养制度从招生录取、导师指导、学术训练、学科建设、经费保障五个方面进行,其中导师指导从博士生教育的师生比、导师指导频次、博士生对导师指导方式的评价展开;学术训练主要围绕博士培养各环节的执行情况、课程学习、参与课题研究、学术发表等方面进行调查[53]。

周光礼的《中国博士质量调查——基于U/H的大学案例分析》运用案例研究和政策分析的方法对目前U/H大学的博士质量进行调查分析,问卷从个人基本情况、培养制度、博士质量现状评价、开放性问题四方面进行。在关于博士质量现状的调查上主要围绕博士生教育的结果质量展开[5]。

罗英姿认为博士生教育服务质量评价应以学生为中心,即以博士生为评价主体,以博士生个体发展为评价的主要内容。他认为质量本质上是对客体满足主体需要的一种价值判断,博士生教育质量同样可以视作对客体(所接受的博士生教育)满足主体(博士生)个人发展需要的一种价值判断。他构建了输入质量、过程质量、结果质量的评价指标体系,其中输入质量指博士生背景和求学动机,过程质量包括学习与研究投入度和博士生教育环境质量满意度,结果质量指博士生的学术成果和个体发展自我评价[54]。

张宇青等人在南京的五所高校中,对博士生教育服务质量展开调查,博士生教育服务质量包括5个维度,分别是知觉性、反馈性、保证性、移情性、有形性,其中知觉性包括校园环境、教学质量、管理服务、软硬件设施等,反馈性包括教学服务、学校帮助学生解决问题、维护学生利益等,保证性包括教职工对学生热情程度、教师水平、教工服务意识等,移情性包括个性化指导、需求了解、与导师沟通等,有形性包括设施与科研设备、教学内容、教授方式、知识学习、导师科研指导等[55]。

许长青从博士生十个方面的满意程度进行调查,分别是学位论文质量、外语知识、组织协调、学术道德水平、基础专业知识、创新能力、学习投入程度、相关学科知识、使命感与责任感、科研能力等。通过研究得出目前我国总体的博士生教育质量满意度接近正向水平,但在不同类型博士生存在显著性差异。博士生教育中仍然存在一些较为明显的问题,并指出问题的原因是多方面的。最后提出要从教育质量保障体系、生源选拔、招生规模、教学模式、导师队伍、学术氛围、课程建设等进行质量改进[56]。

顾剑秀等人从学生职业发展需求视角下分析博士生对博士生培养满意度的评价。从职业类型期望、参加科研项目、读博期间的出国经历、参加国际会议、与导师关系、与非学术组织合作、社会实践、职业指导方面进行调查[57]。

综观以上关于博士生教育服务质量的研究成果，学者们对调查博士生教育质量的紧迫性有较为一致的认识，把开展博士生教育质量调查看作是提升与保障博士生教育质量工作的重点。在博士生教育质量调查的研究中，从以培养单位为主体的教育质量调查到以学生为中心的质量调查，从注重学术成果的调查到注重教育过程质量的调查，都取得了丰硕的成果。但截至目前，我国尚缺乏基于学生感知的博士生教育服务质量的深入研究。

1.2.5 学生满意度的研究

学生满意度的研究可以追溯到顾客满意度的研究。本书先从顾客满意度的内涵和形成两个方面进行综述，再综述学生满意度的相关文献，以期将已有文献的研究成果作为本书提供支撑。

1.顾客满意度的内涵

顾客满意度的定义可谓是百家争鸣，在不同的研究中，顾客满意度的定义不同。著名学者Oliver认为顾客满意是对特定交易的情感反应，取决于顾客期望的产品或服务利益的程度和响应期望与实际结果之间的一致程度。换言之，顾客对产品或服务的表现、产品或服务本身以及顾客对于产品或服务的评价为顾客提供了与消费满意度有关的愉悦程度，以及低于或超过这一满意度的水平[58]。Kotler（1997）认为，顾客满意度是一个人对产品（或结果）的感知与他的期望相比所产生的愉悦或失望的感觉[59]。对顾客满意度内涵的阐述，主要分为对特定的一次交易行为的评价、对累积性交易的评价、购后认知上做出的评价、情绪情感上的评价几种。累积性交易的评价是顾客对以往消费经历的总体满意程度[60]。有学者指出总体满意是根据过去购买与使用某一产品或服务的体验而形成的总体评价[61]，或者说顾客对自己的消费经历做出总体评价后而产生的感知状态[62]。实证研究表明，顾客的累积性满意要比顾客对某一次消费经历的满意度更能准确地反映质量优劣。

从以上顾客满意度的定义来看，无论何种类型的定义，基本都包括三个部分，分别是心理感受、比较标准以及形成时间与延续范围。顾客满意度是在顾客消费服务后，通过将其感知到的服务实际水平与顾客所认为的衡量标准进行比较而形成的心理感受。

2.顾客满意度的形成

学者们虽然对顾客满意度的定义没有形成一致的共识，但都在各自研究的基础上，开始研究顾客满意度的形成机理。了解顾客满意形成的过程，这可以帮助企业找到顾客不满意形成的原因。从顾客的角度出发，改进产品或者服务，从而提高顾客的满意程度。关于顾客满意的研究主要是围绕Oliver（1980）提出的期望不一致模型（图1.3）。他认为在消费过程中或者消费后，顾客会将实际感受到的产品或者服务的绩效与购买前的期望做以比较，两者之间产生的差异就为不一致。如果实际绩效低于顾客先前的期望，顾客将不满意，如果实际绩效满足或超过顾客先前的期望，顾客将满意。另外Churchill和Surprenant（1982）的研究也证明顾客的期望和实际感知到的绩效的比较结果会对顾客满意产生影响，实际感知的绩效也会直接对顾客满意产生影响。感知绩效就是顾客感知到的质量。

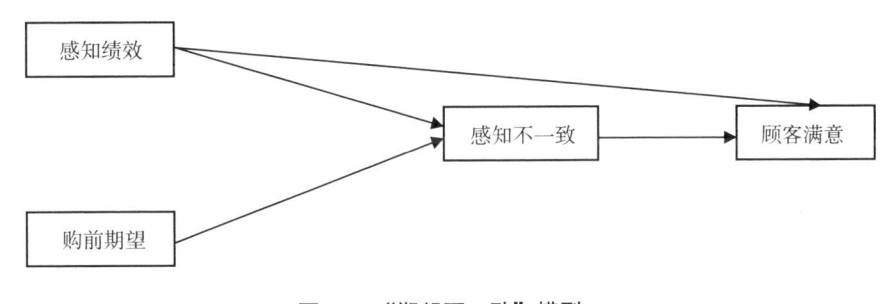

图1.3 "期望不一致"模型

Fig.1.3 dis-expectation model

以此模型为基础，学术界关于顾客满意形成的研究成果主要分为以下四种观点。第一种观点认为是期望导致了顾客满意。第二种观点认为是不一致主导了顾客满意。第三种观点认为感知质量主导顾客满意。感知质量是顾客在消费过程中或消费之后对产品或服务的实际绩效的主观性评价，即顾客感知的产品或服务的实际绩效即为感知质量。很多学者经过实证研究发现，感知质量与顾客满意具有直接的关系（Chutchill and Surprenant 1982；Cronin and Taylot 1992；Tse and Wilton 1988）。Churchill（1982）和Wiltoll（1988）发现了感知质量对顾客满意度的影响高于不一致性的影响[63][64]。Cronin和Taylor（1992）认为顾客期望是被动的，感知质量才是顾客满意度的前因[13]。第四种观点认为感知质量和感知不一致共同主导顾客满意。

3. 顾客满意度在高等教育中的应用

学生满意度的研究源于顾客满意度，但与顾客满意度不同。学生满意度的定义至今也没有统一的定义，正如Bellyukova（2002）指出"学生满意度是高等学校作为衡量学生发展的一个指标，但对其内容没有统一的认识"[65]。"Bean等认为学生满意度是学生的愉悦程度和对大学课程的感兴趣程度[66]。Olive等认为学生满意度是学生对教育相关的各种经历与结果的主观评价的喜好程度[67]。James B.Brown认为学生的需要得到满足时出现的一种心理上的反应[68]。定义虽有不同之处，但共同点在于，一方面学生满意度均是一种主观性评价；另一方面，学生满意度是学生接受教育服务后满足情况的反馈，属于累积性满意。

在学生满意度的研究中，很多学者认为学生满意度是高校教育质量的一个评价标准。如石贵成等人认为"学生满意度是衡量高校服务质量的重要标准之一。[69]"鲍威认为学生满意度在评价院校教育质量中的具有有效性[70]。张倩岳、昌君认为高等教育质量评价的"过程"对学生对所在高校满意度的"结果"有显著的正效应，学生满意度可以作为测度高等教育质量的一个标准[71]。

1.2.6　现有文献评述

国内外关于服务质量的研究都取得了丰硕的成果。格朗鲁斯率先在在认知心理学理论的基础上提出的"顾客感知服务质量"模型，此后相当一部分的研究采用感知服务质量的研究范式，主要以"顾客期望与感知的不一致"为切入点，将研究前提定位在感知服务质量是顾客期望服务与感知到的服务实际水平相比较的结果，研究内容主要集中在顾客感知服务质量的构成与测度问题。目前诸多文献采用这种研究视角，最典型的PZB的依据"感知服务质量模型"开发的SERVQUAL量表仍是目前很多研究的基础。SERVQUAL量表对服务质量的测度是有效的，但Cronin和Taylor指出事后测量顾客的期望是不科学的，因为在顾客接受服务过程中，会不自觉的进行期望调节，所以他们在

SERVQUAL量表的基础上提出了SERVPERF量表，直接对顾客感知的服务的实际水平进行测量。

在高等教育领域，教育服务质量的研究也取得了诸多成果。国内外学者在以格朗鲁斯和PZB三人关于服务质量的研究成果的基础上，开发出多种用于高等教育领域的教育服务质量测度量表。同时，在博士生教育质量的测度上，从国家层面到个人层面也在不断进行研究，这些研究的视角、研究目的、研究方法都为本书提供了一定的基础。无论从服务质量、高等教育服务质量还是博士生教育质量的相关研究上来看，不同的视角下对服务质量的内涵、构成、测度理解和认识上的差别较大。在服务质量的领域、对象选择上各研究也呈现出不同，在博士生教育领域中，关于服务质量的研究还没有形成一致的理论体系。

第一，我国目前的博士生教育质量研究中鲜有对博士生教育属性的分析。我国目前的博士生教育质量研究大多是从传统教育的角度进行，并没有分析博士生教育的属性问题。在开展一项研究中，首先对研究对象的属性进行分析是必要的。只有把握了研究对象的属性，才能选取更为合适的研究视角，有利于开展研究。部分研究从教育产品的视角出发，论证了博士生教育服务质量研究的可行性。但此类研究规避了对博士生教育的本质属性的探讨，始终没有回答博士生教育到底是什么，它具有哪些特征，更没有对博士生教育服务进行科学的内涵界定。

第二，现有的研究缺乏高等教育服务质量的分析框架。将服务质量理论运用在高等教育领域中，首先要解决的就是以服务质量理论为基础构建高等教育服务质量的理论分析框架，它作为研究高等教育服务质量测度问题的基础而存在。但在现有的研究中，普遍缺乏理论框架的构建，即便构建了也缺乏合理性。在本书中，首先以ISO9000：2015标准、服务管理理论为基础，依据博士生教育的服务特性，构建出博士生教育服务质量的分析框架，对博士生教育到底是什么的问题进行回答，界定博士生教育服务的内涵、特征、要素；对博士生教育服务质量的概念、构成、与学生满意度的关系做以论述。

第三，博士生在教育质量调查中的主体地位的缺失现象较为严重。已有的研究大多都是国家、培养单位的角度进行，主要对博士生教育质量的结果进行调查，鲜有研究通过博士生的感知体验来观测教育质量。博士生教育作为高等教育金字塔的塔尖，所培养的博士是研究高深知识，进行知识技术创新的专业性人才,是国家与社会科技进步的储备力量。关注他们在教育过程中的感知体验,有助于更好了解当前博士生教育中存在的关键问题。对博士生教育的属性分析发现,博士生教育具有服务属性。从服务角度来看博士生教育,能更好的体现博士生对教育过程质量的感知,更加突显博士生教育的价值,符合教育的基本属性。从中观上看主要分为课程教学、科研训练、导师指导、管理服务对人才培养的适应性;从微观上看,则是个人素质、科研能力发展及职业需求的适应性。因此,运用科学的方法充分了解博士生在学过程中的感知质量,有助于深化博士生教育改革,从而提高教育服务水平,提升博士生的教育质量。

第四,从服务质量的测度上看,缺乏适用于博士生教育的服务质量概念模型。现有研究建立的教育服务质量模型主要适用于本科生,甚至测度题项偏离教育服务特性。在博士生教育服务质量的研究上重视程度不够。对博士生教育服务质量进行有效测度,正是当下建立与完善博士生教育质量保障体系中缺少的部分,只有依照博士生教育服务的特性对其服务质量进行测量,才能真正了解博士生教育服务过程中的问题与困境,进行有针对性的质量改进,提升高校的博士生教育质量。

1.3 研究目的

博士生在教育中所扮演的角色成为讨论博士生教育质量问题的逻辑起点。这涉及到教育属性的分析。传统教育中认为,学生是接收教育的学习者。与此相似,传统的质量研究受有形产品质量管理理论与方法的主导,注重的是作为结果产品的质量。传统的教育质量评价,更关注博士生的产出质量。

20世纪70年代随着服务业的兴起,服务领域开始强调服务的特点及生产过程。对之前重视结果质量是质量管理中的一次重大修订。在教育领域,也随着学生地位的不断提升,以及学术界对教育属性的进一步讨论,教育具有服务属性逐渐得到了广泛的认可。从此一些以学生为中心的相关教育教学理念开始出现。

从博士生教育领域看,博士生教育具有服务业的典型特点,如无形性、差异性、不可分割性、易逝性、参与性等。然而博士生教育质量出了具有一般服务的特征之外，又有自身的特殊性。博士生教育与人的变化有关，如何考虑受教育者的变化对服务指令评价的影响是非常有价值的问题。

博士生作为博士生教育的主要消费者，不仅是教育服务产品的接受者和使用者，也是参与者和贡献者，他们通过接受教育服务以满足多样化的需求和目标，尤其是通过教育使自身人力资本得到增值。从这个意义上来看，博士生并不是普通意义上的"消费者"。博士生也是教育服务的参与者。

综上，以服务质量为焦点，整合博士生教育文献和服务管理研究文献，探讨博士生教育特点，研究学生感知的博士生教育服务质量评价是本书的主要研究目的。

1.4 研究对象、范畴及方法界定

1.4.1 研究对象

研究对象为在校一定时间的博士生。在博士生的具体选取上，主要考虑到学校类型、学科特征、入学方式、性别差异、家庭背景等因素。

1.4.2 研究范畴

本书研究范畴设定为中国博士生教育领域，具有包括承担博士生教育的博士点的高校。研究的基本概念包括服务质量、学生感知、学生满意度等。

1.4.3 研究方法

本书采用规范分析研究方法，并采用实证研究方法。具体研究方法如下：

（1）文献研究法

在确定研究的基本问题之后，文献研究方法围绕核心问题检索、整理和比较相关文献，从而找到研究对象的本质属性，找出它们之间的内在联系和规律。本书采用文献研究的方法，通过研究问题的识别和研究假设来进行研究。对国内外博士研究生教育服务质量的相关文献进行回顾，通过对文献的分析和梳理，为本书提供依据和研究视角和新观点。对发现和分析博士生教育服务质量相关问题和概念，建立高校博士生教育服务质量的理论框架和测量模型，提供假设和其他间接证据。

（2）访谈法。根据访谈调查大纲或调查问卷，通过个人访问或集体考查，根据调查和研究确定的要求和目标，对被采访者进行系统、有计划的信息收集的调查方法。在本书中，通过对博士生、导师、专家进行访谈后，采用内容分析的方法，为问卷设计收集资料，保证问卷调查的有效性。

（3）定量研究法

定量研究指的是确定事物一定数量的科学研究，即在数量上表达问题和现象，然后进行分析、测试和解释，从而获得研究方法和过程。量化是基于数字符号的测量，求出某些因素间的量的变化规律。定量研究主要有调查法、相关法、实验法。依据本文的研究目的，主要采取调查法。根据研究模型中的假设，设计、完善、形成科学的问卷。本书使用的统计工具为SPSS 19.0和AMOS 21.0。

根据本书的目的，采用的技术手段、具体步骤和解决问题方法如下图所示。（图1.4）

1.4.4　研究内容与章节安排

本书以问题为主线，按照发现、识别、定义、分析、解决的逻辑思路展开，共分为七章。

第一章"绪论"，阐述研究的背景及问题的缘起，分析我国高校基于学生感知的博士生教育服务质量研究的紧迫性和必要性，提出并界定本文的研究问题。明确本书的目的与意义，提出本书的研究方法与技术路线。通过对相关的国内外研究现状进行综述，分析目前研究的贡献和不足。

第二章"博士生感知教育服务质量分析框架"，在遵循研究生教育的属性、特征及一般原理的基础上，依据ISO9000：2015标准和服务管理理论。首先从服务的概念和特征出发，明确博士生教育本质是一种服务，界定博士生教育服务的概念。在此基础上，运用ISO9000：2015标准中"质量"的专业定义，分析博士生感知教育服务质量。最后，阐述博士生教育服务质量与学生满意度联系与区别，进而分析二者之间的关系。

第三章"模型构建与分析方法"，以博士生感知教育服务质量理论框架为

1 绪　论　25

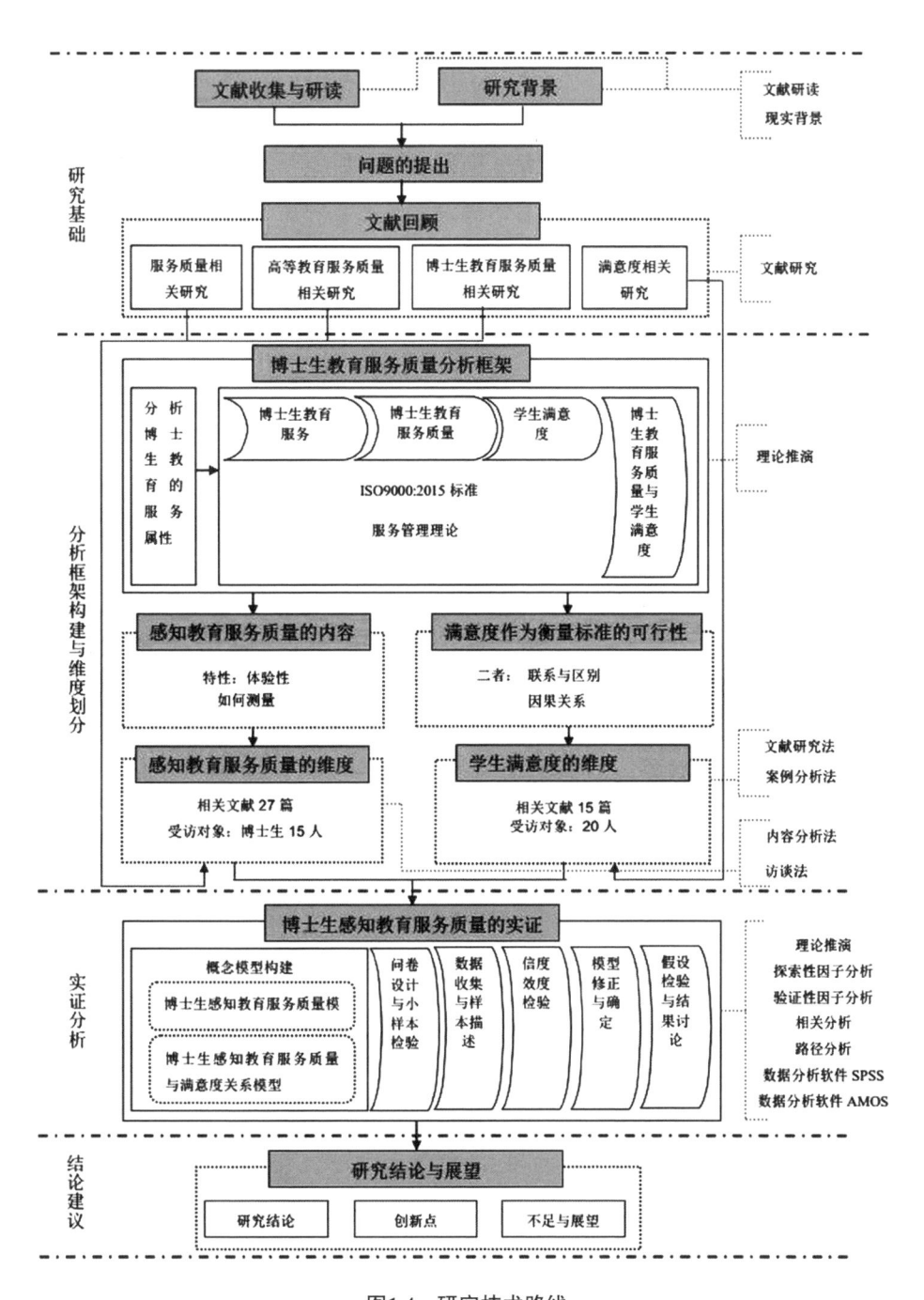

图1.4　研究技术路线

Fig.1.4　The technical route of this research

指导，运用文本分析法和访谈法，析出博士生教育服务质量和学生满意度的构成维度，进而提出相关的研究假设，构建本书的概念模型，并开发问卷。

第四章"博士生感知教育服务质量的实证研究"，经过预测试，修订完善问卷；共在30所高校发放问卷，回收1019份有效问卷，进行数据统计分析，检验问卷的信效度；根据检验结果对结构方程模型进行修正与确定，并对研究假设进行检验；最后总结实证研究的结果。

第五章"我国博士生教育服务质量的现状与问题"。基于前文的实证研究结果，揭示出我国目前高校博士生教育服务质量的现状和存在的问题。

第六章"我国博士生教育服务质量的改进策略"。针对博士生教育服务质量存在的问题，提出相应的质量改进策略。

第七章"结论"，对本次研究进行归纳，总结得出的研究结论，提出本次研究的主要创新点，并对本次研究的不足和未来研究方向进行说明。

2 博士生感知教育服务质量分析框架

本章的分析框架是在遵循研究生教育的属性、特征及一般原理的基础上，主要依据ISO9000：2015标准和服务管理理论建立的。将博士生教育质量置于博士生感知教育服务质量视阈下，构建博士生教育服务质量的分析框架，其框架包括三个层次。

第一层次，从服务管理理论中服务与产品的区别出发，阐述博士生教育既可以被看成是"产品"，也可以看成是服务。认为博士生教育是一种服务过程，更有利于体现学生的主体作用，更加突显博士生教育的属性。依据服务的定义，界定博士生教育服务的概念。在此基础上，分析博士生教育服务与其它服务性行业相比，它具有的一些显著性的特性。最后，分析博士生教育服务的构成要素。

第二层次，根据博士生教育服务特征和感知服务质量研究成果，提出博士生感知教育服务质量的概念。运用ISO9000：2015标准中"质量"的定义，对博士生感知教育服务质量的内涵进行界定。依据"质量"的基本要素，从质量特性、质量要求及满足程度三个方面对博士生感知教育服务质量进行分析。质量特性、质量要求和满足程度决定了博士生感知教育服务质量的基本构成。

第三层次，阐释博士生感知教育服务质量与学生满意度的关系。依据感知服务质量研究成果和ISO9000质量标准的核心思想，论证学生满意度作为博士生教育服务质量的衡量标准之一的合理性。高校根据二者之间的因果结构关系，改进相关维度的服务质量，以提高博士生教育服务质量。

2.1 分析框架的依据

2.1.1 ISO 9000：2015标准

ISO 9000：2015标准是国际标准化组织（ISO/TC176）继2000版后陆续修订的。从1987年颁布的ISO9000系列标准第一版开始，分别出台了1994版、2000版、2008版及2015版。ISO 9000系列标准从问世以来，得到了众多国家的承认，也迅速被各种组织所采用，形成了经久不衰的ISO 9000标准热。

2015版的ISO 9000标准改善和扩大了服务型组织对该标准的适用性。标准更加重视过程的绩效分析和评价，进而促进过程的监视和测量活动的展开。与2008版标准相比，新增了"质量、质量管理体系、组织的环境、相关方和支持"五个基本概念。首次将"服务"从"产品"的定义中剥离出来，更加适用于服务型组织的质量管理。本标准为质量管理提供了基本概念、原则和术语，旨在帮助使用者理解质量管理中的基本概念、原则和术语，以便能够更有效的实施质量管理。

2015版ISO 9000标准将质量管理原八项基本原则修订为七项原则。分别是以顾客作为焦点、领导作用、全员参与、过程方法、持续改进、咨询决策及关系管理。这些原则是标准中的核心思想，为各种组织提供了质量管理的基本原则。

第一，以顾客为焦点原则。该原则是指组织依赖顾客。组织应关注和了解顾客现在和将来的需要以满足顾客的要求，努力超越顾客的期望。以顾客为焦点起于现代质量理念，将满足顾客作为衡量服务质量的唯一标准。为了达到这一标准，我们在关心最终服务效果的同时，更要关注于整个服务的过程以及在其中与顾客沟通的过程。与顾客进行互动的每一个环节，都为顾客创造了价值。理解顾客的需求和相关方的规定更有助于组织的开展质量管理活动，保障组织的服务质量稳步提升。

第二，领导作用。领导的主要职能既是在组织内部建立明确的宗旨和方向，还要营造良好的组织氛围和保证成员能够积极参与工作，使组织将战略、方针、过程和资源保持一致，实现组织目标。其一，领导者需要对组织的使命、愿景、战略、方针和过程等规划设计并在组织内部进行沟通；其二，要在组织的所有层级创建并保持共同的价值观、公平以及道德的行为模式；其三，为员工提供履行职责所需要的资源、培训和权限；其四，领导者要善于激发、鼓励和认可员工的贡献。这样做的好处是有利于提高实现组织质量目标的效率和有效性，并能使组织的构成更加协调，改善组织各层级和职能间的沟通，有助于激发员工的潜能，提高组织与其人员的能力，实现组织质量目标。

第三，全员参与。组织应以人为本，通过对成员的培训、授权和分工，使成员成为组织实现目标的必要条件，使成员的才能通过组织系统运行以实现组织目标。员工的胜任能力、工作积极性是组织实现质量目标的保障条件。据此可知，服务质量一方面需要领导者职能的实现，另一方面也需要成员的全员参与。为了提升组织成员的积极态度，领导者要培育成员的爱岗敬业精神、树立正确的质量意识、良好的职业道德操守和时刻关注顾客需求的服务意识，更要通过相关制度政策来明确各员工的工作责任。

第四，过程方法。现代质量管理的核心思想是过程导向管理。过程是由一系列相关联的活动组成。只有不断完善服务各个环节的活动，组织才能持续有效地提高其服务质量，从而实现组织质量目标，达到顾客满意。在组织中，其一，领导者要规定各个活动的目标以及活动的过程；其二，要确定过程的职责、权利和义务，并对过程实施管理；其三，要对过程的运行进行监控以保证过程输出质量。这样做可以提高关注关键过程和改进机会的能力，通过对过程的有效管理，可以提高顾客对过程质量的感知。

第五，持续改进。改进对组织保持当前的绩效水平至关重要，同时响应内部和外部环境变化，创造新的机会。其一，要在组织的所有层级建立改进目标，其二，结合改进目标对各层级的员工进行培训，确保员工有能力完成改进目标。其三，要对改进工作进行跟踪、评审和审核，确保改进目标的高效完成。质量管理的终极目标是顾客满意。这样通过对过程中存在问题的根本原因分析，找出纠正和预防问题的方法，能够不断提高组织的服务质量，以达到顾客满意的终极目标。

博士生教育是通过一系列的过程性活动来完成的，包括课程学习，导师指导，学术交流，论文撰写及开题、中期、预答、答辩，管理服务等多个环节。

要管理和控制各个过程，进而提高博士生的教育质量。同时，博士生是博士生教育中的主体，一定程度上可以看成是博士生教育的"直接顾客"，高校不但要符合政策法规的规定，还应关注博士生的需求，在提供给学生满意的教育服务结果的同时更要注重其过程。

博士生培养单位的领导者对本校博士生教育的办学宗旨和办学方向有明确把握，在博士生教育服务提供过程中，能够运用一切教育资源，调动导师和其他员工的工作积极性，为博士生服务，最终实现博士生教育的目标。博士生教育质量管理既是其培养部门主要领导的责任，也是部门内全部相关人员的责任，包括各层级领导干部、专业教师、导师、行政、教辅和后勤服务人员。创建博士生教育质量管理体系首要的任务是要对全体参与人员进行质量意识、师德师风和以学生需求为关注焦点的教育，进而明确职责分工和授权，分担组织的目标和责任，积极投身于实现组织目标的工作活动中去。

基于以上分析，ISO9000：2015标准中的基本概念、术语及质量管理原则可以为本书构建博士生感知教育服务质量的分析框架提供了一定的支撑。标准中"服务"、"质量"等定义为本书界定博士生教育服务、博士生教育服务质量提供了基本依据；标准中"服务"和"质量"的要素构成为分析博士生教育服务、博士生教育服务质量的要素提供了支撑；质量管理原则成为研究博士生教育服务质量测量、分析与提出改进策略基本依据。

2.1.2 服务管理理论

服务管理理论阐述了服务特征及管理等一系列研究成果。服务业的激烈竞争成为该理论产生的有机土壤，服务与产品的区别得到普遍的认可，标志着它初步形成。后续大量的学者开始运用实证、定量的方法进行更加深入细致的研究，由此服务管理理论得到了深入的发展。根据格朗鲁斯（Grönroos）阐述的服务管理特征，它是以顾客和顾客对质量的感知为导向，重视长期关系和内部发展的综合管理方法[1]。服务管理不仅指服务企业的营销、运营、人力资源管理，而且是任何组织的服务管理。可以说，服务管理理论是从服务的大视野下，来研究管理问题，它适用于任何服务性行业，其中包括公共服务。

从20世纪70年代开始至今，服务管理理论经历了40多年的发展过程。虽然这一理论尚未形成完整的学科体系，但在理论探索方面取得了丰硕的成果。服务管理理论是随着对管理领域服务特征和服务管理的认识和理解而逐渐形成和发展起来的。它经历了从早期概念辩论到具体问题的详细研究的过程[73]。

20世纪70年代西方国家的服务业发展迅速,更多关于服务特性的研究方法和理论应运而生。北欧诺丁服务学派管理服务组织的新方法被诺曼(Nomann)称为"服务管理的开端。[74]" Johnson(1969)首次提出"产品和服务是不同的吗?"此后,许多学者开始研究服务与有形产品的区别,识别和界定服务的特征。其中,很多学者归纳总结出服务的四特征:无形性、差异性、同时性、易逝性都作为至今研究服务问题的理论基础。这一时期,学者虽然认识到服务的特征,但是并没有理清服务业和制造业在管理上的差异。学者们更关心的是服务业和制造业的生产与经营之间的联系。因而,当时学者们的理论成果只能用于一些标准化服务行业、技术密集型的服务行业,而并不能广泛适用于服务的所有行业。

在20世纪80年代,服务和产品不同的观点得到了学术界的广泛认可。学者们不再停留在服务特征的一般描述上,而是通过建立一些概念模型来帮助人们更好地理解服务和服务管理的基本特征。这一时期的服务管理理论主要从两个方面着手:第一,服务运营管理的研究正式脱离了制造管理的理论分析框架,引入了服务管理问题,试图构建服务的理论框架。如PZB三人从营销学角度来研究服务,提出服务质量的概念模型[10]。第二,很多研究从服务特征角度切入,进行主题研究,如服务接触主题、服务质量主题、服务设计主题。随着Grönroos提出感知服务质量的概念、PZB三人的服务质量差异模型的提出,学术界对服务质量有了全新认识。在PZB三人在服务质量差异模型的基础上,开发的SERVQUAL量表得到了理论界的普遍认可,至今也是服务质量研究的重要基础。

从20世纪90年代开始至今,无论从理论的范畴拓宽,还是该理论与其他学科领域的融合上,服务管理理论进入了深入发展时期。多数学者开始进行实证研究,采用定量研究方法,从理论和实践两个方面探讨服务业中存在的具体问题。研究课题越来越丰富,涉及到服务管理的各个方面。如服务生产与管理、服务设计、服务需求管理、服务补救等。

综上所述,管理学界已经把服务管理作为新学科的一个分支进行研究,形成了一些主要的观点。第一,服务管理理论首次提出服务与产品是有区别的,在此基础上，阐述服务的概念和特征。无形性、差异性、同时性和易逝性是服务的四大基本特征，不同服务具有的其他特征都是在四大基本特征基础上演化形成的。第二，感知服务质量研究作为服务管理理论重要的研究主题之一，主要以Grönroos、PZB等人为代表，并开发出适用于任何学科领域的SERVQUAL量表。可见，服务管理理论历时40多年研究发展，无论在理论产生的必要性及其主要概念、特征等一些理论探讨上，还是在实证研究上，都取得了丰硕的研究成果，成为服务研究必要的理论基础。

服务管理理论为本书构建博士生教育服务质量的分析框架提供理论支撑。第一，从服务与产品的区别角度，阐述把博士生教育看成是服务过程的合理性。通过服务的四大共同特征来认识观察博士生教育过程更加符合教育的属性，更能突显出博士生教育过程的价值。第二，博士生教育服务的特征是建立在服务共同特征基础上的。博士生教育服务的特征和感知服务质量的研究成果共同支持了研究学生感知的博士生教育服务质量的必要性和科学性。第三，感知服务质量五维度为定量研究博士生教育服务质量提供了基本思路。

2.2　博士生教育服务

2.2.1　服务的概念与特征

1.服务的概念

在十八世纪中叶，重农主义者认为服务是除了农业生产外的全部活动。亚当斯密对服务的概念进行了修正，他认为服务是"不生产有形产品的所有活动"。随着社会的不断发展，服务在企业竞争中的地位越来越重要。有关服务的研究也一度成为热点。究竟什么是服务，一直是学者们进行服务相关研究的基础所在。

服务的英文为"service"，词根"serv = to serve"来源于拉丁语"servire/servus/servare"，译为to serve，to keep，服务。"service"名词解释为"公共服务系统、公共事业；服务性企业（或行业、业务）；为机构工作，尤指长期受到尊重的工作、效劳、服务。"动词解释为"（为某人）提供服务，能满足某种需要。"从服务的词性来看,有名词和动词,在很大程度上,作为动词的"服务"更多体现是为他人做事的过程,作为名词的"服务"更多体现为结果,但无论是具有动词性质还是具有名词性质,"服务"都应该同时从过程和结果两个维度进行考察。

菲利普科特勒认为服务是任何组织或个人以某种方式满足其他组织或个人的无形需求的活动,并且该过程不必依赖有形工具[75]。Christian Grönroos(2000)认为服务是在顾客与员工、有形资源的互动关系中进行的无形性活动过程,有形的资源是作为顾客的解决方案提供给顾客的[76]。Bloom P N.(1984)则认为服务是一方向另一方提供的一种无形的活动或利益,并不涉及所有权的变化;服务的产生可能与有形产品相关,也可以无关[77]。

国际标准化组织(ISO9000:2015)中将"服务"从产品的定义中独立出来,将服务定义为"至少有一项活动必须在组织和顾客之间进行的输出。[78]"顾客、组织和组织与顾客间的活动是服务的三个要素。这一活动可视为服务交付的过程,其结果是直接形成客户体验和感受。服务提供的形式有以下四种,一是在为顾客提供有形产品上完成的活动;二是在为顾客提供无形产品上完成的活动;三是无形产品的交付;四是为顾客营造氛围。

无论是词典中的服务定义、学者的定义还是国际标准组织,它们的本质都有相似之处。这些定义可归结为从三个角度进行定义,分别是以输入为导向的定义,例如供应商的资源和能力的角度进行定义(Kolter P,Bloom P N.1984);以过程为导向的定义,即服务的产生过程(Gronroos C. et al.2000; ISO9000族标准);以输出为导向的定义,即服务过程的结果(ISO9000族标准)。无论从哪个角度进行定义,服务的本质在于它必须发生在组织与顾客之间的活动,即如果没有顾客参与,那么服务无法完成。这也是它与有形产品最为根本的区别。

博士生教育是发生在培养单位(高校)与博士生之间的活动,如果没有博士生的参与,教育活动便无法完成。这正与服务的本质相吻合。按照ISO9000:2015标准中服务提供方式的划分,本书所提供的服务方式是无形产品的交付,即传授知识的信息。因此,本书认为服务是组织与顾客之间活动的过程和结果。在定义中,给出了服务的三个基本要素,即组织、顾客和组织与顾客之间的活动。这一活动可以理解为提供服务的过程,结果是顾客在消费服务之后得到什么。服务的提供过程中既包括组织与顾客直接接触，也包括间接接触；既包括使用非物质的手段进行的活动，比如组织的体力劳动、智慧、知识及沟通技术（教育、管理、指导、劝告等），也包括使用物质手段进行的活动，如利用有形工具、设施设备等必要的制造品和自然物品的活动。"组织"是指服务的提供方，"顾客"是指消费服务的人，也可以说是服务的对象。

2.服务与产品的区别

要深入了解服务且对它有深刻的理解，除了要掌握服务的概念之外，更需了解服务的特征。服务管理理论认为研究服务特征要通过比较服务与有形产品的区别。Grönroos总结了服务与有形产品之间的区别。第一，有形产品是一种可存储的、有相似形态的物品，而服务是不可储存的、形态各异的一种过程或行为。第二，顾客一般不参与生产的过程，而顾客必须要参与服务过程，否则服务无法完成。第三，有形产品的生产和消费不是同时发生的，而服务的生产和消费是同时发生的。第四，有形产品的核心价值是在工厂生产的，而服务的核心价值源于买卖双方接触的真实瞬间。第五，在所有权上，有形产品的所有权发生转移，转移到顾客手中，而服务的所有权并没有发生转移，顾客只是享受了服务过程以及给他带来的影响。综上，服务产品理论阐述了服务的共同特征，并成为研究服务的重要基础。

3.服务的主要特征

服务管理理论认为服务有四个共同特征，即无形性、易逝性、同时性、差异性。其它特征均是在这四个特征的基础上衍生出来的。

第一，无形性是服务的最明显的特征。学者们认为无形和有形是服务和有形产品最主要的区别。尽管有些服务是有实体的，但从服务的本质上来看，服务本身是一种非实体现象，服务的结果可能是有形的，如饭店提供给顾客的菜品；服务的过程中可能也需要利用一些实体物品，如汽修所用的零件。但服务的本身是无形的，它不是由某种材料制造而成。服务无法从重量、色彩、体积等外观来观察，在任何可以出售的耐用物品中，它不是固定的或物化的，它不能离开服务者作为物品独立存在。换言之，服务是一种消费者不可能带走的行为或活动，能带走的和感受到的仅仅是服务带来的影响。同时，消费者也无法像评价有形产品那样，凭借感觉器官对服务的好坏进行判断。

服务消费的这一特点使服务购买者通常采用不同于有形产品质量评价的方

法来评估服务的质量。消费者可以依据某些客观的标准比较容易地对产品的质量做出评价。比如一台电视机，人们可以根据其外观、画面清晰程度、耗电量等方面来判断其质量。而对于无形产品，消费者只能根据消费过程中及消费后的主观感受对服务的质量进行判断，并且同样的服务，不同的消费者其感受有可能完全不同。因而，消费者用来形成服务的质量的词汇通常都会比较抽象，如"安全"、"信任"、"经历"、"感觉"等等。

第二，服务的易逝性是指服务只存在于服务产出时的那个时间节点。大多数的服务是无法在消费之前储存的。工厂生产的产品是可以进行储存的，如工厂可以将生产好的空调进行储存，待到销售旺季时进行售卖。而服务就不能像有形产品那样进行储存。例如，一架客机在起飞后，剩余的座位就永远失去了销售的机会。同样，一个有200个座位的教室，如果某节课仅有100个学生来听课，学校不能把剩余的100个座位储存起来留到下一节课供学生使用。下一节课的最多也只能有200个座位供学生使用，而不是300个。

服务对象在接受完服务之后，就意味着服务消失了。因而对于那些接受了劣质服务的人而言，通常是无货可退的，也无法要求企业退款。只有在极少数情况下，如学生在学校接受了教育服务之后发生了教学事故，学生可通过法律程序获得一定额度的赔偿。

第三，同时性是指服务提供者提供服务的过程与顾客消费服务的过程是在同一时空下进行的。服务提供与消费的过程在时间上是不可分离的。服务的该特性给消费者带来的影响有三个。其一，消费者必须到现场接受服务。有形产品的生产和使用过程是分开的，消费者没有必要到现场观看有形产品的生产过程；而服务的生产过程恰恰相反，消费者必须亲临现场接受甚至是加入服务的生产过程。其二，消费者参与服务，与服务提供人员共同完成服务活动。服务是一个过程或一系列的活动，因而在此过程中消费者与生产者必须直接发生关系。消费者若不参与服务活动，则无法享受服务。如在课堂上，学生须参与到课程中来，与授课教师进行互动，才能享受新知识带给自己的快乐。其三，消费者也要遵守服务企业的一些规章制度。在服务过程中，不但消费者与服务提供者会发生接触，消费者之间也会有所接触，相互影响。如在实验室里，不破坏实验器材，只有这样才能做到不影响其他学生的服务消费体验，保证服务过程高质量地完成。

第四，服务的差异性是指服务不可能像实体产品那样实现标准化的生产。服务的主体和对象都是由人组成，人作为服务的中心，而人与人的个性、受教育程度等都会有所不同。不同的服务人员提供同一类型服务，也会有所不同；即使同一个人，在不同的时间、地点等因素的影响下，提供的服务都会有所差异。服务的差异性给消费者购买服务带来一定的风险，这就要求服务人员对消费者的需求比较了解，所以就更清楚如何服务才能使消费者更加满意。

2.2.2 博士生教育服务的概念

上文阐述了服务管理理论中产品与服务的区别及服务的特征，对研究博士生教育具有重要作用。博士生教育作为一个生产过程，既有过程也有结果。我们可以从产品与服务的角度来深入了解博士生教育。目前对博士生教育的性质存在两种观点，一种观点把博士生教育看成是生产产品，另一种观点是把博士生教育看成是生产服务。把博士生教育看成是产品，更加注重博士生教育的产出，即博士生能力、素质等方面的提升或是论文质量、数量等。而把博士生教育看成是一种服务，更加关注博士生教育的过程。

从博士生教育的属性来看，博士生教育是培养具有独立科研能力的初级研究者。从其属性可以看出博士生教育的过程是博士生获得各种能力提升的重要前提。博士生教育过程是导师、教职工与博士生的不断接触互动完成的。人们很难像观察有形产品那样，利用感官从其外观来进行观察。同时，博士生也无法带走博士生教育的过程，能带走的只是博士生教育过程带来的影响。可以说，博士生教育过程是进行精神生产的过程，博士生参与保证了精神生产对他们的影响。另外，不同的导师对博士生的指导方式、内容等都具有差异性。因此，博士生教育过程具有服务的一般特征，可以认为博士生教育的过程就是服务，称之为博士生教育服务。需要指出的是博士生教育服务属于一种公共服务。从服务的角度看博士生教育，更有助于观测博士生教育的过程。在博士生教育服务过程中，博士生既是传统教育属性上的受教育对象，也是博士生教育服务的"生产者"与"消费者"。"生产者和消费者"是指博士生教育服务需要博士生主动参与，以课题、项目或学位论文等为载体，在导师、教职工与他们的互动过程中逐渐完成。

博士生教育服务的实质是通过高度专业化知识传授为主要形式，博士生与导师、教职工之间所发生的一系列活动。博士生在活动中既是主体也是客体，其主体作用更加突出。正如有学者也提出类似的观点，认为博士生教育服务是教职工和博士生共同生产出的无形产品，博士生主体性增强[79]。因此，博士生教育服务更有利于体现博士生的主体作用。博士生在教育服务过程中的感知体验更容易分析教育过程的关键特征，突显博士生教育的属性，实现博士生教育过程的价值。另外，从服务的角度认识观察博士生教育的过程，符合教育的基本属性，是对教育属性的升华。

博士生教育服务也有名词和动词之分。在很大程度上，作为动词的"博士生教育服务"更多体现是为博士生做事的过程，作为名词的"博士生教育服务"更多体现在"结果"。这种"结果"是指博士生教育服务活动给博士生带来的影响。但无论是具有动词性质还是具有名词性质，"博士生教育服务"具有"过程"和"结果"两个维度。博士生教育服务的过程可以解读为导师指导、学术训练、学生管理等过程，此时表现为导师等其他教职工的动态行为与态度，博士生教育服务的"结果"是以上系列活动过程的综合产出，表现为博士生最终获得了什么，如博士生问题意识的增强、学术思维的获得、论文写作能力的提高等。

如果把博士生教育理解成一个由输入、过程和输出构成的流程，那么对博士生来说，输入、过程和结果都具有同等的重要性。博士生教育服务也可以描述为导师和其他人员利用知识和设施设备等向博士生提供的指导、课程教学、学术训练等的一系列活动过程和结果。高等教育服务泛指高等教育所有阶段为学生提供的一切服务。博士生教育服务的对象是博士生，而高等教育服务的对象可以是专科生、本科生、硕士生和博士生等。博士生教育属于高等教育的最高级阶段，无论从培养目标、学习年限、培养方式，还是课程设置、科研训练等方面较其他阶段都有所不同。博士生教育服务的特性，使其内涵更加丰富具体。通过以上分析，得出博士生教育也是博士生教育服务。由此本书依据ISO9000：2015标准中服务的概念及分析框架推导博士生教育服务的概念和要素。博士生教育服务是高校教职工为满足相关规定的要求和博士生要求而开展的活动过程及结果。"高校"是指具有博士学位授予权的高等学校。教职工是指导师、教师及管理服务人员，其中管理服务人员包含行政人员和后勤工作人员。"相关规定的要求"是指国家层面、地方层面及高校层面用来规范博士生教育的政策法规与规章制度。"博士生要求"是指博士生在学期间对科研、学习、生活等方面的需要或愿望，以及博士生希望教职工做到的具体事项。"活动过程及结果"是导师及其他教职工为博士生提供学位论文指导、学术训练、学生管理等过程中的行为、态度，以及这些活动产出的结果，如博士生的科研能力、素养等的提升。需要指出的是，博士生教育服务虽然包括过程及结果，但在本次研究中，只对博士生教育服务的过程进行研究，并不涉及其结果。

在博士生教育服务的概念中规定了服务的目的、条件和内容。博士生教育服务的目的在于符合相关规定的要求和满足博士生的需要；条件是与博士生接触，即博士生参与博士生教育服务生产的过程中，若不参与，则无法享受教育服务；内容是高校的一系列教育活动，这里的教育是广义的，通指为博士生提供的一切活动的过程和产出结果。需要明确指出的是，博士生教育服务虽然包括为博士生提供活动的过程和结果，但在本书中，要试图打开博士生教育过程的暗箱，对其教育服务过程中一些要素进行观测，所以本次研究不涉及博士生教育服务的结果，如论文发表数量、科研能力、外语水平等，这也正是为弥补以往相关研究的不足。

2.2.3 博士生教育服务的要素

根据服务的三要素，博士生教育服务由教职工与博士生、服务内容与互动过程三要素构成。教职工与博士生是博士生教育服务中的主体、服务内容是教育服务活动中的纯客体，互动过程是教育服务活动完成的必须要素。博士生教育服务的构成要素见图2.1。

1. 博士生教育服务的主体：教职工与博士生

在博士生教育服务活动中，教职工与博士生是人的因素中不可分割的两个方面。他们之间具有着非常复杂的关系。教职工包括培养单位的导师、教师及其行政人员。导师主要负责制定博士生的培养计划、指导博士生开展研究；教师主要负责课堂或实验室的教学工作；行政人员是为博士生提供非学术上事务支持的人员，他们主要帮助博士生解决学习生活以外遇到的问题。在教育服务过程中，从不同的角度看，他们所处的地位和承担的责任不同。从博士生教育服务活动的全过程来看，博士生从总体上相对导师、教师及其他人员来说是受教育者，但从博士生参与教育服务活动来看，没有学生们的积极主动的参与，其教育活动根本无法完成。博士生又成为教育服务活动中的主体。

需要说明的是，本书所谈的主体并不是指一个总体中的主要部分或者是中心部分，而是指认识活动和实践活动中的担任者，是具有能动性、有意识的人。在博士生教育服务活动中，教职工和博士生尽管承担的具体任务并不相同，但都成为教育服务活动的承担者，也可以说是"生产者"，他们都处于生产服务活动的主体地位。教职工与博士生的共同客体是博士生教育服务内容，即主体服务活动指向的共同的对象。又因为在博士生教育服务过程中，教职工与博士生的活动是在同一时空下进行的，并且是紧密联系、相互影响、前后相关的。因此，本书认为教职工与博士生是博士生教育服务中的复合主体。这符合教育的属性，只认为学生是主体，或者是教师是主体的观点，都存在片面性。教职工与博士生是博士生教育服务中的复合主体，也是从教育服务过程生成的角度去审视，更加体现博士生教育过程的价值。

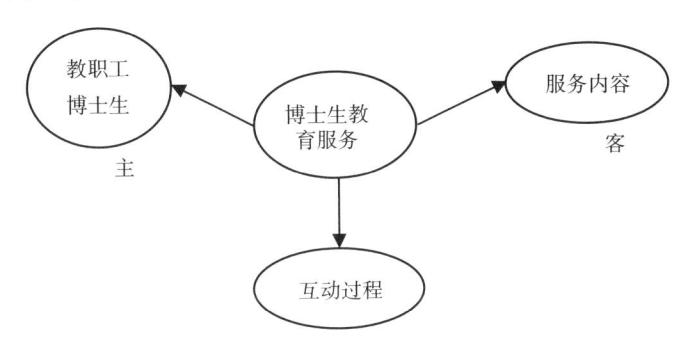

图2.1　博士生教育服务的构成要素

Fig. 2.1　The components of doctoral education services

2. 博士生教育服务的客体：博士生教育服务内容

博士生教育服务内容是博士生教育服务活动中教职工与博士生共同研究、负责、运用的对象，是教育服务活动中的纯客体。它们是博士生教育服务活动中传递的信息要素的主要部分，但不是全部。同样，如果没有教育服务内容，博士生教育服务活动根本无法进行。

博士生教育服务的内容较为丰富且高级。从其范围来看，可以分为学术方面的服务和非学术方面的服务。从其价值来看，服务内容具有发展博士生的科研能力、可转移技能、品德等方面作用。博士生教育服务内容是在国家、地方及高校各层面制定博士生教育相关政策法规、博士生要求下，进行精心选择和设计出来的。需要指明的是博士生的要求最终也要转变成相关规定才能在教育服务过程中得到实现。

博士生教育服务内容既包括学术方面的内容，也包括非学术方面的内容。学术内容主要表现在三个方面，一是导师指导，主要以学位论文或参与课题研究为载体而展开的学业指导；二是课程教学，主要集中在博士生的第一年，博士生主要是学习专业理论知识，叫做高级学习者，教师是知识信息的提供者，课程教学分为课程内容、课程结构和课程教学；三是学术交流，它是博士生教育服务中的重要内容，作为博士生，首先应具备较强的学术交流能力，如开展学术专题讲座、简短地说明自己的研究等，其次各项能力的提升需要学校为博士生创造提供交流平台，如参加国际学术会议、学术报告等。在以上服务内容中，导师和教师要指导和帮助博士生完成选择研究方向、课程学习、阅读文献、掌握相应的研究技巧、进行学位论文相关研究等。同时，导师、教师与博士生的角色不停变化，博士生根据导师的要求，不断调整自己的行为，获得自身的发展。另外，导师和教师也不断地根据博士生的成长，来调整自己的角色，争取为博士生提供更为适合的教育。

博士生教育服务内容的非学术内容是指教职工为博士生提供学习以外的各种事务性的服务工作，即为博士生生活提供的基本服务。一般是指博士生的衣食住行和保障等。衣食住行主要体现在博士生的生活条件上，博士生群体整体年龄较大，经济上的独立性较强，大部分博士生经济压力较大。高校在提高宿舍环境服务和餐饮服务质量同时，对博士生的生活上的补助要有所加强。奖学金的种类和层次也越来越多，博士生获得奖学金的几率较大。高校也提供了很多的"三助"的岗位，用来改善提高学生的生活条件。综上，博士生日常生活的状况是：有相对稳定的生活费用来源；生活环境条件相对优越；用于科研和学习的精力充沛；科研和工作的环境良好；医疗保障条件良好。

3.博士生教育服务的互动过程

按照ISO9000：2015的定义，过程是指"一组将输入转化为输出的相互关联或相互作用的活动"，过程是由一项或多项活动组成的，过程的目标是通过活动结果的积累和调整而实现的[80]。从本质上看，服务"是过程而不是物件"。服务的生产和消费往往是同时进行的，顾客要参与服务生产，并与服务企业发生多层次和多方面的接触。美国学者萨普里南特和索罗门（Surprenant

& Solomon，1987)等提出"服务接触"（Service Encounter）概念，把其定义为"顾客与服务提供者之间的动态交互过程"。他们的依据是"服务接触是一种角色表演"，顾客和员工承担各自的角色。他们把"服务接触"局限于顾客和员工间的人际接触[81]。萧斯塔克（Shostack，1985）则使用了"服务交互"（Service Interaction）概念，用来指更广泛的"顾客与服务企业的直接交互"，既包括顾客与服务人员的交互，也包括顾客与设备和其他有形物的交互[82]。事实上，除了上述几方面外，在服务过程中，顾客之间也存在着交互作用，而且这种交互也直接影响顾客对服务过程的评价[16]。

各项教育活动的互动过程是博士生教育服务构成的重要的要素之一，也是构成整个博士生教育服务的基本单元之一。博士生教育服务的过程分为两种，一种是博士生教育服务实体产品的生产过程，属于高校与博士生间接接触，如培养方案的制定、教材的编写、课程大纲的撰写、教学课件的制作、博士生各种管理规定等；另一种是与博士生的"面对面"接触过程，即互动过程。它是指教育服务提供者和博士生之间的多层次、多方面的接触，如导师和博士生、任课教师和博士生、行政服务人员和博士生间的接触。通过这种接触，可以完成博士生教育服务。这两种过程相互关联、相互作用，形成博士生教育服务过程。

在博士生教育服务的两类过程中，教育服务产品的生产过程主要包括博士课程的制定、教学大纲的制定、教学大纲的编写、教材的编写与提供以及教学课件的制作。它是教育服务的基础和前提，教育服务产品的生产过程质量应该受到重视。导师与博士生的互动过程、教师与博士生的互动是主要的互动过程，互动过程的质量决定博士生教育服务的质量。

在博士生参与教育服务的过程中，学生有着"消费者"和"生产者"的双重身份，他们在互动过程中的体验感知是反映其教育服务质量的重要方式。首先，博士生与教职工在"面对面"互动过程中感知到的质量，与他们的知识储备、人格特征、认知倾向、对教育内容的理解、行为方式和身心密切相关。二是，在互动过程中，博士生之间的相互影响也是制约教育服务质量的一个因素；三是，教职工的对博士生教育服务质量也具有一定影响。博士生教育服务作为一种"高接触"型且以"知识"为主要载体的服务，教职工的职业精神、工作态度、业务水平、知识和科研能力以及他们的心理状态和仪容仪表对互动质量有很大的影响。

2.2.4 博士生教育服务的特征

博士生教育服务不但具有服务的一般特征，如无形性、同时性、不可储存性与差异性，而且也具有一些显著性的特征。从已有的文献来看，国内外学者对服务的特性进行了大量的研究，在许多关于服务的研究著作中都对服务的特征进行了论述，但迄今为止，没有在文献中看到专门针对博士生教育服务特性的论述或研究。在本书中，将对博士生教育服务的特性进行初步的探讨。

（1）博士生教育服务的体验性

博士生教育服务作为一种发生在教职工与博士生之间的活动，可见，如果没有博士生的参与，其活动无法完成。从教育服务的过程来看，博士生通过参与导师指导、课程教学、学术交流、管理服务的各项活动，获得了这些教育经历。这些教育经历形成了一种难忘的博士生教育阶段的体验。

博士生教育服务是博士生必须亲身经历的，观察感受每次教育活动带给自己的改变。博士生教育服务体验强调学生参与的过程性、亲历性。与其他一些服务不同，如汽车维修、酒馆、饭店，博士生教育服务需要博士生的全过程参与，博士生教育服务是博士生的一种亲身体验。因此，博士生教育服务的重要特性之一就是体验性。

（2）博士生教育服务的交往性

博士生教育服务是导师及其他员工与学生互动的每一个接触的真实瞬间完成的。博士生在购买其服务的主要目的是获得学术成长，他们在博士生教育服务交付过程中，会更加积极主动参与，以期获得他们期望的结果。博士生教育是一种周期较长的教育服务活动，需要学生与导师、其他教职员工之间连续不断的进行互动。博士生教育服务的交往性对导师和其他教职工提供了更高的要求。这不仅要求导师和其他教职工具有良好的专业技能，还要有高超的人际交往能力。

博士生教育服务的交往性会体现在博士生参与教育服务过程的程度高低。博士生参与程度也说明了他们的学习态度，同时也有研究表明博士生的参与程度对他们成绩的高低也存在正向影响关系[83]。因而博士生教育服务的交往性主要体现在两个方面，第一，从博士生教育服务对象来看，博士生是博士生教育服务的主要对象，也是其购买者、消费者和受益者，博士生直接参与到博士生教育服务过程中来，是博士生教育服务的参与者。从需要动机来看，博士生一般对学术的追求具有较强烈的情感，购买博士生教育服务也不是盲目的决定，博士生具有较强的自主性参与到博士生教育服务活动中来，与导师共同完成服务活动，达到以期的服务效果。第二，从博士生教育服务提供主体来看，如何提供优质的服务吸引顾客是重要的问题[84]。其服务提供主体有责任吸引服务对象的积极参与，只有学生积极参与到各种教育服务活动中来，才能提高其学术能力，获得知识、技能和思维习惯。这就要求导师在为学生提供教育服务过程中，要尊重学生的主体地位，形成"以学生为中心"的服务理念，能够在科研训练过程中激发学生的兴趣和动力，从而促使学生能积极从事学术活动，主动参与科研训练。

（3）学术性

学术水平和科研能力的提升是博士生选择教育服务的主要需要动机之一，在为博士生提供服务时，满足博士生的需要的程度决定了博士生的满意程度。学术性是指博士生要对存在物及其规律进行学科化论证。在博士生教育阶段，博士生主要通过参与导师课题、撰写学位论文、参加学术会议等途径来提高科研能力。可以说，博士生教育服务是一种以知识创造为载体的知识型服务。博士生教育服务的学术性体现在服务过程的方方面面。其特性不仅体现在招生、培养目标、课程体系、培养环节等上，也体现在博士生的管理上，如奖助学金、学术交流等。

博士生教育服务的学术性特征一方面是指博士生教育服务要求导师、教师和管理服务人员必须拥有较高的学术水平，具有高深的专业理论知识、科学的研究方法和较高的学术道德，并能在论文撰写、参与课题研究等过程中对学生进行有效的学术指导；另一方面也强调了博士生教育服务必须高度依赖科学研究，即通过学术训练为载体向博士生提供教育服务，主要以知识创造为训练重点。它不同于本科教育服务和硕士教育服务，可以说它是高等教育服务中的最为复杂和最为独特的教育服务。

（4）指导性

与其他服务相比，博士生教育服务具有很强的指导性。一般服务的指导性不强，主要以满足顾客的需要为目的。但在博士生教育服务中，博士生虽然为知识的消费者，但也需要教师对他们进行有效地指导，使他们从知识的消费者向独立的知识生产者转变。其中导师对学生的指导服务最为典型，他们主要负责设计博士生的培养计划、课堂、实验室的教学、指导学生开展研究等。导师对学生的教学技能、科研技能、生活和思想的指导都体现了其特征。通过指导服务对学生的学习行为和经历所产生影响，并积极促进博士生教育质量的提升。

作为博士生，在导师指导过程中，通过与导师的沟通交流，使自己在课程学习，进行科学和学术的研究、职业准备、知识认知、思维方式以及专业技能发生改变。由M.Nerad和J.Cerny（1996）开展的"博士毕业十年后调查"中指出，所在院系对博士生学业的总体指导程度、在毕业论文选题过程中导师的指导质量、论文委员会教师对自己完成学位的指导作用、专业导师或所在院系对自己完成博士学位和寻找工作的指导与帮助作用、导师对我发表学术成果给予的指导都成为博士回忆在学经历认为比较重要的方面[85]。除了在博士生学业上给予指导服务的导师们之外，为博士生提供管理服务的人员在服务过程中也体现出指导性。因为他们通过自己的专业知识和多年的工作经验一般能够知晓博士生在学习生活以外所遇到的问题，他们会在第一时间给予相应的建议。指导也从低级的知识传授与指导逐渐过渡到引领学生学会聚焦具体问题，形成科研意识的引路人的高级形式。因而，在博士生教育中，与一般服务活动不同的是对直接顾客即博士生不但要满足他们的需要，还要使用一定的策略对他们进行引领，丰富博士生的教育经历。

2.3　博士生感知教育服务质量

2.3.1　博士生感知教育服务质量的内涵

本书选取基于学生感知的博士生教育服务质量进行研究，原因有两个：其一，遵从博士生教育服务的体验性，博士生全程参与教育服务过程，他们的感知体验对博士生教育服务的测评具有重要的参考价值。其二，根据服务质量的研究成果。服务质量的测量问题曾是困扰学术界的一大难题，由于服务的特性，无法像有形产品那样按照规定的标准进行质量测评。格朗鲁斯首次提出感知服务质量的概念解决了服务质量能够科学地被测量的难题，他认为服务质量的本质就是顾客的感知。

在教育服务质量的界定中，很多学者采用了格朗鲁斯和帕拉斯拉曼等人对服务质量所下的定义。格朗鲁斯和帕拉斯拉曼都认为顾客感知的服务质量是顾客对服务的期望与实际感知到的服务水平之间的对比或差距。例如Ham CL认为，高等教育服务质量是学生实际感知与预期的教育服务之间的比较或差距[86]。这实际上是借鉴了格朗鲁斯和帕拉斯拉曼的服务质量定义的逻辑思维。他们关于服务质量的定义偏重于顾客的期望。但是博士生教育服务中学生的期望往往不能作为判定教育质量的唯一标准。因为学生在一定程度上，他们的期望是不符合教育属性，或者容易降低教育的固有标准。另外，虽然博士生教育是一种服务，但博士生教育与其他服务行业有所不同，它属于一种公共服务，具有准公共服务的性质。因此，用偏重于学生期望的服务质量定义来界定博士生教育服务质量是欠妥的。

本书认为对博士生教育服务质量的界定应该遵循质量的专业性定义，在准确把握质量概念的基础上对博士生教育服务质量进行界定。在质量管理中，"质量"成为最为基础核心的概念，学者对其概念也在一直争论。朱兰认为质量就是产品的适用性，产品在投入使用时正好能满足顾客需求的程度[87]。修哈特则认为质量是描述产品好坏程度的概念，即"质量是绝对的和普遍认可的，标志着一个不可妥协的标准和高的成就[88]。"戴明认为质量是从客户的观点出发加强到产品上的东西，并把质量、过程、经营、顾客愿意支付的价格等联系起来，指出质量具有不同水平[89]。

以上有关质量概念的观点存在一定的分歧，但从不同的角度揭示出质量的内涵。其实，质量是一个多维复杂性概念，全面把握理解质量的概念要对各种观点作以认真分析。有关质量的定义有几种观点，一是认为质量是产品的优劣程度；二是产品固有的属性在量上面的一种反映；三是从顾客角度来定义，认为是满足顾客需要的程度；四是产品的适用性；五是运用顾客的满意度来衡量产品的质量。概括地讲，质量概念的发展主要有三类，一类是质量的纯物理学定义；二类是关于有形产品的质量定义；三类是关于服务（无形产品）的定义。第三类定义是从第二类定义中经过发展逐渐独立出来的。

国际化标准组织的176技术委员会（ISO/TC176）制定的ISO9000：2015标准中，把质量界定为"实体的若干固有特性满足要求的程度。[90]"该定义得到了国际各界的普遍认可与广泛使用。该定义较ISO9000：2000的标准中，增加了质量的载体，称之为"实体"；它指任何研究的事物，可以是有形产品也可以是服务或是其它。"固有特性"指的是某物与其它事物不同的东西，如轴的直径、材料和微观结构；"要求"指"明确的、通常暗示的或需求或期望"，"明确地"是指顾客明确规定的要求（如投标、合同、传真、邮件、短信等）和文件中规定的要求（如各种规格）；"通常暗示"指的是顾客、组织或其他相关当事人的实践或一般做法，不用再加说明且是合理的。

根据ISO9000：2015标准中质量的定义，还可以把质量分成"质"与"量"进行理解，"质"是指实体的内在品质，即"固有特性"，而"量"是指实体固有特性满足要求的"程度"。同时，定义中也包含了质量的主客观性的界定，认为质量是既有主观性又有客观性。"要求"包括人的要求和相关规定的要求，满足人的要求的程度则是主观质量，满足相关规定的要求的程度则是客观质量。

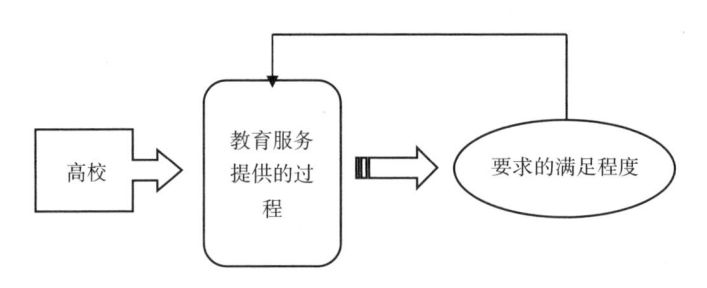

图2.2 博士生感知教育服务质量概念图

Fig. 2.2 The concepts of student perceived service quality in doctoral education

ISO9000：2015标准中，"质量"的定义可以分解成"固有特性"、"要求"、"满足程度"三个基本要素。结合2.22中对博士生教育服务的分析与讨论，并借鉴ISO9000：2015标准中"质量"的定义，将博士生感知教育服务质量界定为：博士生教育服务提供的过程中的固有特性满足博士生要求和相关规定要求的程度。需要说明的有两点：其一，本文只对博士生教育服务提供过程进行研究，所以只涉及过程而不涉及教育服务所产生的结果。其二，从定义本身可以看出，强调的是博士生在接受教育服务过程中的满足要求的程度，要求虽来自主客观两个方面，但由于学生始终参与博士生教育服务活动中，他们感知到满足他们要求的程度更能准确反映其质量。故称之为博士生感知教育服务质量。参照服务管理理论中，关于服务质量研究主题，学者时常将感知服务质量（perceived service quality）简称为服务质量（service quality）。在本书的后续章节中，如果没有追加特别说明，博士生教育服务质量就是指博士生感知教育服务质量。

博士生教育服务质量与教育服务质量有所不同。教育服务质量是博士生教育服务质量的上位概念。教育服务质量涵盖了各个层次的教育服务产品组合的质量，即教育服务产品固有特性满足教育需求主体显性或隐性需求的程度。教育服务质量既可以是中小学教育服务质量，也可以是高等教育服务质量。二者的重点教育服务内容是知识的传授，而博士生教育服务质量的重点是知识的创新创造过程。博士生教育服务质量更加关注学生的学术水平和科研能力的提升。

博士生教育服务质量与博士生教育质量也有所联系与区别。其联系在于二者都是指向培养单位培养及管理博士生的过程。另外，二者都比较关注博士生的科研能力和学术水平的提高问题，都是为博士生的发展而开展的各项活动。其区别在于，博士生教育质量是从国家政策、专家的视角来理解，更加关注于博士生教育的结果质量，如学位论文质量、外语水平、创新能力、学术论文发表数量等；而博士生教育服务质量是从服务的视角来理解博士生教育，认为博士生教育是为学生提供各项教育服务的过程。它更加侧重于博士生在学的感知体验，强调过程质量，如导师指导过程、课程教学过程、学术交流、奖助学金评比过程等。以博士生在学的感知体验来衡量其教育质量有一定的合理性，体现了博士生在教育过程中的主体地位，符合"以学生为中心"的教育理念。但也有其局限性，博士生的感知体验存在一定的片面性。仅从学生角度衡量博士生教育质量，也会带来一些负面影响，如导致学术标准、教育质量的降低，破坏博士生学习责任感等。

综上，博士生感知教育服务质量是存在"边界"的。首先"学生感知"的边界在于对各项博士生教育服务所产生的那些合理的感觉和认知，其目的是通过了解博士生在学的感知体验，对改进相关的教育服务质量有所帮助。其次，"博士生教育服务质量"是存在边界的，这里所说的"服务"是指合乎研究生教育基本规律、原理、相关的法律、规章制度的，即也存在一定的客观标准。

2.3.2 博士生感知教育服务质量的要素

按照ISO9000：2015标准 "质量"的分析框架，博士生教育服务质量的基本构成要素也可从质量特性、质量要求和满足程度三方面进行展开。

1. 质量特性

博士生教育服务质量特性是指在博士生教育服务提供过程中能够满足质量要求（即相关规定要求和博士生要求）的固有特性。第一，博士生教育服务的固有特性是存在于博士生教育服务提供过程中的，因为博士生教育服务不仅仅是具有直接接触的动态性的活动过程，而且它也有间接接触的静态的实物，如科研设施设备、图书资源、宿舍条件、可视化信息等。第二，属于博士生教育服务固有特性的质量特性，是在博士生教育服务提供过程中本来就存在的，如课程教学、导师指导、学术交流、接近程度、态度等，而不是外在附加的特性，如学费的定价等。第三，博士生教育服务质量特性指博士生教育服务提供的过程中的那些能够满足博士生要求和相关规定的要求的固有特性，不能满足这些要求的特性不是质量特性。

从上述对博士生教育服务质量的定义中可以看出，在博士生教育服务中的一组固有特性在博士生教育服务质量中是极为重要的。鉴于博士生教育服务质量是本书提出的一个新的概念，以往的研究中没有单独提及，只是对高等教育服务质量的概念有所界定，因而更多的研究是对高等教育服务质量的特性做出了相关的探讨。如Gray Don Schwantz[34]、Ham C L[103]、马万民[29]、洪彩真[91]、罗长富[24]等认为包括有形性、可靠性、响应性、保证性和移情性，也有人认为包括可靠性、反应性、保证性、移情性、可感知性[92]，还有人认为包括学术性、非学术性、可靠性和移情性（Firdaus），更有人认为高等教育服务质量包括学术性、休闲性、就业性、成本性等。从此不难得出，上述的高等教育服务质量的特性更偏向于服务的一般质量特征，缺乏对高等教育服务质量的准公共性的考虑（如功能性、守法性、透明性、监督性、文明性等）。

博士生教育服务质量特性除了包含服务的一般质量特性外，在每个特性中还应体现教育质量特性，后者是将博士生教育服务与其它类型服务得以区分的关键点。至于体现博士生教育服务教育质量特性，则应基于博士生教育服务的内涵分析而得出，同时也必须能满足质量的要求。正如前文的分析，博士生利益、博士生需要、研究生教育的政策法规、教育资源、高校的效率等均构成了博士生教育服务概念的内涵。因此不难看出体现博士生教育服务教育质量特性至少包含功能性、响应性、参与性、保障性、可及性、共享性、责任性。再综合服务的一般质量特性，可以认为博士生教育服务的质量特性至少包括功能性、可信性、有形性、文明行、保证性、经济性、舒适性、时间性、安全性、可靠性、响应性和移情性等。

以上对博士生教育服务的质量特性的分析即博士生教育服务的固有特性，再次证明了各特性存在于博士生教育服务提供的过程中，比如响应性、时间性、文明性、可靠性、移情性等属于博士生教育服务提供过程中直接接触的固有特性，而有形性、可信性、保证性等则属于博士生教育服务提供过程中间接接触的固有特性。

2. 质量要求

博士生教育服务质量定义中的质量要求是指隐含的或必须履行的需求和期望两大类。隐含的需求和期望一般是指博士生的要求。必须履行的需求和期望是指有关博士生教育相关规定的要求。这类质量要求主要分为两个层面：一个层面是高校关于博士生教育的相关规定的要求，另一层面是国家层面对博士生教育的相关规定的要求。

博士生的要求起源于博士生对博士生教育服务的愿望。博士生读博前或在学期间，会对自身的学习生活有一些愿望，这些愿望会自觉不自觉的表现在对其教育服务质量特性提出的要求上。

高校层面的要求是指学校层面制定的有关博士生教育的规章制度、政策规定、各种标准、管理制度。如博士生培养工作规定、各级学科培养方案、课程管理办法、培养过程监督机制、奖助学金评定办法等，这些规定是本校对博士生教育服务的质量特性的要求。

国家层面的要求是指我国关于博士生教育的一些相关的政策文件、法律法规规章、学位管理规定等。例如，《中华人民共和国学位条例》、《学位证书和学位授予信息管理办法》、《博士硕士学位授权审核办法》、各个学科专业的指导性培养方案、培养工作意见、研究生管理工作规定、《国务院关于加强学术道德和学术规范建设的意见》、《关于加强学位与研究生教育信息管理工作的通知》等。在这些规定中，从国家层面明确了博士生培养的总目标、入学标准、培养基本过程、学制要求等。国家层面的要求是高校在提供博士生教育服务时所必须遵守的准则，更是高校制定相关规定的主要依据。从总体上体现了对博士生教育的质量特性的规范性要求。

博士生的要求与相关规定的要求之间存在紧密内在联系：后者由前者转化而来。具体来讲，博士生的要求是存在于博士生心中的具有主观色彩的、无形的而且不经调查是无法知晓的、不可看见的潜在需要，需通过博士生表达、高校调查的方式获得，获得后对于合理的需要制定与相关的教育文件中，方可转化成规范的规定性要求，这时才是具有客观性、可知性、有形的、可见的。这对于高校提供的博士生教育服务和改进博士生教育服务质量具有重大的现实意义。高校在提供博士生教育服务时，只能直接地去遵循相关文件规定的要求，而无法直接按照每位博士生的要求来提供。相关的规定要求越能真实地反映博士生的要求，高校通过遵守相关规定的要求就越能改进博士生教育服务质量。

3. 满足程度

博士生教育服务质量的高低直接反映在博士生教育服务的质量特性满足质量要求的程度上。当博士生教育服务质量特性满足质量要求的程度较高时，博士生教育服务质量则较高，否则博士生教育服务质量较低。

从博士生教育服务的质量特性出发，可对博士生教育服务质量进行分解，通过输入质量和过程质量来体现。根据前文的分析结果，博士生教育服务质量可以分解为有形性质量、功能性质量、可靠性质量、文明性质量、响应性质量、可信性质量、时间性质量、经济性质量、保证性质量、安全性质量、移情性质量等。因为上述的博士生教育服务质量特性或存在于博士生教育服务的输入，如课程、可视化信息、有形载体等；或存在于提供的过程中，如提供服务过程中导师和其他教职员工的行为和态度，因而博士生教育服务质量又可划分为输入质量和过程质量。输入质量聚焦于已有的有形载体的质量，如高校的实体环境质量、信息展示质量等；过程质量主要指高校如何提供博士生教育服务的。

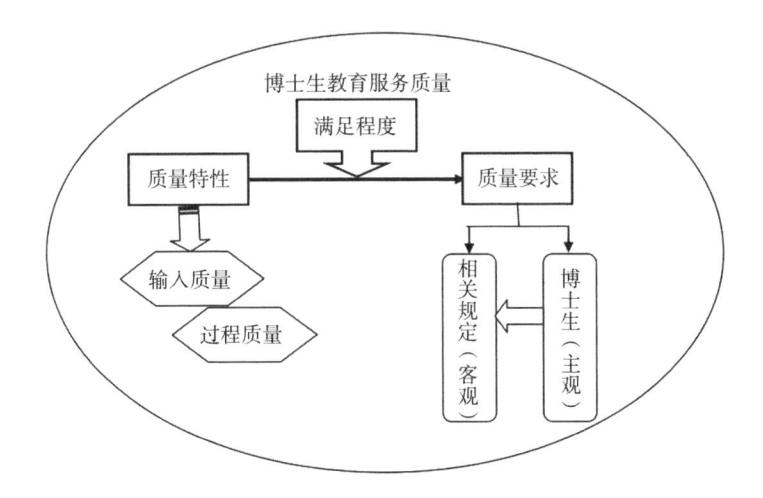

图2.3　博士生教育服务质量要素分析图

Fig. 2.3 The elements of service quality in doctoral education

从博士生教育服务质量的要求来看，可将博士生教育服务质量划分为主观质量和客观质量。根据前文的论述，博士生教育服务质量的特性满足博士生要求的程度则是主观质量，而博士生教育服务质量的特性满足博士生教育相关规定的要求的程度即是客观质量。后者之所以是博士生教育服务的客观质量，是由于博士生教育的相关规定的要求具有客观属性，因而用其来测量的博士生教育服务的质量特性就是博士生教育服务的客观质量。前者之所以成为博士生教育服务的主观质量，则是由于博士生对教育服务的需要具有很强的主观性，因而用其来衡量博士生教育服务的质量特性所得出的必然是博士生教育服务的主观质量。

2.4　博士生感知教育服务质量与学生满意度

2.4.1 学生满意度的内涵

在本书中学生满意度是指博士生满意度。学生满意度作为博士生教育服务质量改进中的关键标准，需对其内涵作以界定。在对学生满意度的内涵作以界定之前，需要对以下两个问题进行分析，一是关于"满意"和"满意度"的概念，二是理清顾客满意度与学生满意度的联系与区别。

"满意"在《现代汉语词典》中的解释为"意愿得到满足。"心理学上解释为一种要求被满足程度的感受。而满意度则是对满意程度的量化描述，"度"就是测量的意思，是对所接触的人和事产生实际感受与其需要和期望相比较的程度、限度[93]。从以上的定义中可以得出，"满意度"是对"满意"的量化研究，其实质是指满足程度的感受。

关于满意度研究最多的是顾客满意度，这也是由于人们逐渐认识到顾客在市场中的重要作用。顾客满意度的定义可谓是百家争鸣。如Tse et al.（1988）认为顾客满意度是顾客对产品或服务的期望与产品实绩之间的差异进行评估之后的产物[64]。该定义强调了顾客满意度的形成过程，而没有考虑顾客满意度的心理含义。Oliver（1997）顾客满意度是顾客对服务实绩与某一标准进行比较之后产生的心理反应[94]。Oliver的定义得到了学术界的普遍接受。还有一些学者认为顾客满意度是一种情感反应。如Valerie S. Folkes（2000）认为顾客满意度是顾客对服务结果进行评估与归因之后产生的情感[95]。国际化标准组织中给出了国际通用的定义，顾客满意度是指顾客对其要求已被满足程度的感受（ISO9000：2015）。学者的定义中区分了两类的顾客满意度，一类是对某一次消费经历的满意度，另一类是多次消费经历累积的满意度。

学生满意度的研究来源于顾客满意度，但又与顾客满意度有所不同。在有些研究中，直接把学生定义为顾客，将顾客满意的概念引用到学生满意度的概念上。正如Bellyukova（2002）指出"学生满意度已被高等教育机构作为学生发展的一个指标，但是人们对其内容还没有一个一致性的理解[96]。"例如Bean（1985）等认为学生满意是一种标示，通过这种标示能了解学生的愉悦程度和对大学课程的感兴趣程度[66]。Oliver（1989）等认为学生满意度是学生对教育相关的各种经历和结果与期望比较后的主观评价的喜好程度[66]。可见，学者们对学生满意度的定义表述上并不一致，也没有抓住学生满意度与顾客满意度的本质差别。

正如上文所指，已有学生满意度定义存在简单套用顾客满意度的问题，止于表面，不求甚解。该问题产生的原因在于并没有深入分析顾客与学生的差异。学生满意度的产生是源于教育属性的要求所致。学生是教育活动中的重要参与者，学生的满意程度是教育质量的一种反应。但需要指出的是，学生并不是真正意义上的"顾客",不能像商业领域中,一味地追求达到顾客满意来获得利益。在教育中,若一味追求学生满意,会造成教育质量下降。因而教育在兼顾学生满意的同时,还是要遵循相关政策法规、教育教学标准等进行活动。因此,借鉴顾客满意度的定义,必须明确在学生满意度中的"期望"和"感受"的具体所指。

在学生满意度中"期望"是指学生在"消费"教育服务前,根据各种信息(如入学前与导师等人的交往历史、学校的简介和同学的介绍),对即将发生的教育服务"消费"经历的主观预测。换言之,学生满意度中的"期望"描述的是学生预计高校"将会"提供的服务。学生的"期望"主要来源于博士生的需要。学生的"感受"是说学生满意度既是一个认知过程,也是一个情感体验的过程。也就是感受,包含认知层面,同时也包含情感层面。学生满意度是学生对服务经历的态度,既包括对服务满足自身需要的认知性判断,也包括学生在需要得到满足或者没有得到满足以后的情感表现。

经过以上分析,本书将学生满意度定义为博士生通过将接受的教育服务的实际水平与他的期望进行比较后所形成的心理感受。学生满意的本质是博士生将教育服务实际水平与期望进行比较形成认知上和情感上的反应。在实际水平和期望进行比较时,实际水平满足期望的程度成为博士生产生满意感的关键。

博士生满意的主体是博士生,客体是教育服务质量,发生环境是博士生对教育服务实际水平的感知与期望比较而产生的。"期望"是一个主观性的概念,"期望"随着教育服务消费的过程也在不断的改变,即博士生会不断的调整自己的期望。从测量的时间节点来看,博士生满意度是在博士生消费教育服务后进行观测,但不一定所有的教育服务产品全部消费完。从"期望—实绩"角度来看,博士生满意度中的期望因素不具有可靠准确性,只是博士生的自身的一种"内在标准",并且会随着"消费"过程的进行而调整,故强调教育服务的实际水平是决定博士生满意与否的重要因素。

2.4.2 博士生教育服务质量与学生满意度的联系与区别

依据ISO9000:2015标准的核心思想,博士生感知教育服务质量和学生满意度成为本书研究中的两个重点概念。在服务质量研究领域的文献中,服务质量和满意度一般同时出现,许多学者和质量改进人员都把满意度看作是服务质量水平的标志。在实践层面，许多服务性的组织也是根据服务质量与满意度的关系来评估其各项服务水平的。虽然服务质量与满意度之间存在着相似之处，二者之间也有着密切的联系，但是实际上它们是两个截然不同的概念。本书从服务质量和满意度的含义、测量方法和形成的过程等层面进行分析，深度剖析两个概念之间的异同，阐述它们之间的因果关系。以为构建博士生教育服务质量模型做理论指导。

1. 博士生感知教育服务质量与学生满意度的相似之处

第一，服务质量和学生满意度都是博士生主观判断的结果。目前，在服务质量管理的文献中，服务质量一般都是指顾客感知的服务质量。美国学者PZB三人也曾指出，服务对象是质量的唯一评价者。格朗鲁斯也曾强调服务对象感知在服务质量中的重要性，而满意度则是指服务对象需要得到满足之后的一种心理上的反应，可以说是顾客消费服务后对满足自身需要情况的一种主观判断。综上，可以得出无论是感知教育服务质量还是学生满意度都是博士生的主观感知结果。

第二，从服务质量和满意度的形成过程来看，学生在评价教育服务质量和满意度时都会不自觉的将自身的期望和服务的实际水平进行比较。虽然本书认为博士生教育服务质量主要是满足博士生及相关规定要求，但不可规避的是博士生要求究其来源就是博士生的需要，由此形成期望转化为要求。所以正如PZB三人认为顾客感知服务质量就是顾客对服务的期望与实际消费服务的经历进行比较的结果。奥利弗（1980）提出了学界最富盛名的"期望—实绩模型"，也称为满意度模型。根据模型，顾客在购买服务之前，通过广告宣传、之前购买经历、口碑等途径会对该服务形成一定的期望。当在实际消费服务过程中，顾客会将期望与实际消费经历进行比较，当实际消费经历符合或高于期望时，顾客则会满意；但当实际的消费经历低于他们的期望时，则他们会产生不满意。由此可见，不管是博士生教育服务质量还是学生满意度，它们都有博士生期望与他们实际的教育服务经历之间的比较成分，其比较结果则是教育服务质量和满意度的一部分。

2. 博士生感知教育服务质量与学生满意度的区别

尽管博士生教育服务质量与学生满意度之间存着相似之处，但是在服务质量管理的文献中，大多数学者认为服务质量和满意度是两个不同的概念。对已有文献进行整理，发现这两个概念主要有以下三个区别：

第一，博士生教育服务质量中的期望和学生满意度中的期望的具体含义不相同。满意度中的期望是顾客在消费服务之前，通过各种各样的信息（广告、其他人的介绍、官方信息等）对即将要发生的服务消费的一种主观预测。换言之，学生满意度中的"期望"指的是学生预计中高校将会提供的教育服务。然而博士生教育服务质量中的"期望"则对博士生所认为高校应当提供的教育服务的描述。PZB三人认为服务质量中的"期望"包括两种水平：一种水平是顾客渴望的服务水平，另一种是顾客可以接受的服务水平。具体地说，前者是说博士生印象中优秀的高校应当具备的教育服务水平，而后者则是指博士生可以接受的最低限度的教育服务标准。

第二，博士生教育服务质量和学生满意度产生时间上的不同。顾客在消费服务之后，才会产生对服务的满意度。而服务质量则不同，可以说即使没有消费该服务的经历，也可以评估其服务质量[97]。可见，学生满意度是对某次消费经历的满意度程度，或是多次消费经历后累积的满意程度。可以说，学生产生满意或是不满意的感觉是要建立在实际的教育经历上的，若学生未参与过该项教育服务，满意度便不会产生。但博士生教育服务质量则不然，即使没有教育经历，教育服务质量也可产生。博士生通过学校网站、招生简章、导师信息、同学介绍等渠道获得服务信息后，便可以推断高校的服务质量如何。

第三，服务质量的测评是认知过程，而满意度的测评既是认知过程，也是情感过程[98]。早期学者研究顾客满意度时，仅认为满意度的测评是顾客的认知性评价过程，没有考虑到情感对顾客满意度的重要影响。但随着研究的深入，多数学者开始认识到满意度的测评，仅是一个认知性评价是不科学的，顾客满意也包含了情感因素，如愉悦、愤怒、自豪、失望等。由此可见，学生满意度是学生在参与博士生教育服务之后的心理感受，既包括学生对其教育服务满足自身要求的认知判断，也包含学生在要求得到满足或没有得到满足时的情感表达。而博士生教育服务质量测量则仅是博士生的认知过程。

2.4.3 博士生教育服务质量与学生满意度的关系

博士生教育服务质量与学生满意度虽然是两个不同的概念，但它们之间也有着密切的联系。正如上文所论述，很多学者认为顾客满意度是服务质量的最终标准。因此，构建博士生教育服务质量与学生满意度之间的关系模型，要先对服务质量与顾客满意度的关系文献进行整理总结，以此作为模型的理论基础。根据已有的服务管理的文献，服务质量与顾客满意度的关系是争论的焦点，总结来看主要有三种关系。

第一，更多学者经过实证研究发现，顾客感知服务质量才是顾客满意度的重要前因。顾客满意度是服务质量的结果体现[13]。顾客感知到的服务质量越好，他们的满意度则越高；反之，顾客感知到的服务质量越低，他们的满意度也就越低。这说明感知服务质量对满意度存在正向的影响关系。

第二，部分学者认为顾客满意度是服务质量的重要前因。PZB三人提出顾客在某次服务消费中的满意度是影响他们感知服务质量的重要因素[99]。

第三，也有少数学者认为顾客感知服务质量与顾客满意度是互为因果关系。如Taylor（1994）实证研究表明患者感知医疗服务质量与满意度之间互为因果关系。我国学者汪孝纯（1998）也在餐饮服务业中证实了二者之间互为因果关系。但需要指出的是，该观点认为服务是由多项服务活动组成，其中的服务质量和顾客满意度都是指顾客对某次的服务消费经历的感知。当顾客感觉当前服务的质量较高，则会产生高满意度；顾客的满意度高带来对下次服务的期望更高，如果以后的服务实际水平符合或超过顾客的期望水平，顾客则会感到服务质量较好，对服务企业感到总体满意。

以上三种关系中，本书认同第一种关系，认为博士生教育服务质量是学生满意度的重要前因。博士生作为参与博士生教育服务的个体，他们的满意程度可以体现博士生教育质量的高低，并可以为质量改进提供有益的参考。博士生在接受学校提供的各项教育服务过程中，每位学生对自己的需要和期望是否得到满足与实现会产生心理感受，这种心理感受可以说是博士生教育服务质量的一种结果体现，可以由此判断其教育服务质量的优劣。进一步来讲，高校可根据因果结构关系，从相关的博士生教育服务质量入手提升学生满意度。

另外，建立博士生教育服务质量与学生满意度的因果关系，这恰恰与ISO9000标准给出的顾客感知服务质量与顾客满意度的关系相符合。同时，也与ISO9000标准中的核心思想一致。ISO9000标准中指出关注顾客满意度对服务质量改进的作用。ISO9000：2015标准中进一步强调顾客满意是质量管理体系的动力，达到顾客满意是质量管理体系的基本目标，组织应定期测量顾客满意程度。可以说顾客满意度成为质量测评与改进的考虑依据。博士生教育服务质量的测量目的在于呈现当前博士生教育服务质量的现状，分析存在的问题并进行质量改进。结合标准中的的核心思想，学生满意度将是博士生教育质量管理的终极目标之一。

综上，建立博士生教育服务质量与学生满意度的关系，其目的在于利用其关系作为改进博士生教育服务质量的重要参考依据。一方面，可根据博士生教育服务质量各维度与学生满意度的作用关系的强弱，找出博士生最不满意的教育服务质量维度和博士生教育服务质量影响学生满意度的关键维度，从而为高校提高博士生教育服务质量找到改进的方向与策略。另一方面，博士生教育服务质量的高低决定学生满意。当博士生教育服务质量较低时，学生会感到失望，满意程度不高；当博士生教育服务质量较高时，学生则会感到愉悦，满意程度较高。需要指出的是，把学生满意度作为衡量博士生教育服务质量的一个重要标准也有其局限性。学生满意度只是博士教育服务质量的一个标准，但不是唯一标准，衡量其教育服务质量的标准是多重的。

2.5 本章小结

本章运用服务管理理论，从产品与服务的区别的角度，分析博士生教育既可以是一种产品，也可以是一种服务。把博士教育看成是一种服务，更能突出博士生教育的过程，突显学生在博士生教育中的主体作用，更加符合博士生教育的属性。根据博士生教育服务的特征和感知服务质量的研究成果，提出博士生感知教育服务质量的概念。由于博士生教育服务属于公共服务，运用ISO9000：2015标准中"质量"的专业定义，界定博士生感知教育服务质量。从质量特性、质量要求及满足程度三个方面分析博士生感知教育服务质量的基本要素。在此基础上，结合本书的核心问题，依据感知服务质量的研究成果和ISO9000标准的核心思想，阐释了博士生感知教育服务质量与学生满意度的联系和区别，论证了学生满意度作为衡量博士生感知教育服务质量的一个重要标准的合理性和局限性。进一步提出，高校可以根据博士感知教育服务质量与学生满意度之间关系的强弱，改进相关的教育服务质量，达到提高博士生教育服务质量的目的。

3 模型构建与分析方法

3.1 博士生感知教育服务质量的五维度模型

3.1.1 博士生感知教育服务质量的变量析出

1. 文献来源

高等教育服务质量构成研究是本文博士生教育服务质量构成研究的重要理论基础。从前文的高等教育服务质量文献综述可知,关于高等教育服务质量的维度划分至今还没有统一的标准;进一步来讲,因研究对象不同,其维度划分就有所差别,甚至同样的维度具有不同的含义。为了对博士生教育服务质量构成维度研究提供有力的参考,对本文表2.6"高等教育服务质量构成"进行细分和归类。本书所采用的具体的操作方法如下:第一,将已有研究中表达相同或相似含义的维度进行归类,再选择适合的维度名称来表示此维度。例如,课程内容、课程和授课教师、项目问题、学术声誉、学术支持、学术资源等维度都是表达有关学术方面的内容,选择"学术性"来表示具有这一类含义的维度。如果遇到无法进行合并的维度,将沿用原有研究中的维度名称。第二,对已有文献中的关于高等教育服务质量维度构成作以总结,该总结是本书的博士生教育服务质量构成维度的参考选集(表3.1)。

表3.1 高等教育服务质量维度总结

Tab.3.1 The dimesions of service quality in higher education

文献原维度	研究者	维度总结
与教员接触、课程	LeBlanc & Nguyen(1997); Kwan(1999);	
课程内容	邢媛（2009）	
课程和授课教师		
项目问题、学术声誉	Ford et al. (1999);	
学术服务质量	Hill(1995); Hadikoemoros(2001);	
学术服务与设施	Angell(2008);	学术服务质量
学术	Firdaus, A. (2006a);	
学术	Owlia(1998); 刘敬严（2009）	
学术支持	张美娇, 韩映雄（2011）;	
学术资源		
教育体验、教员质量	Wright（1996）;	
自我发展、教学状况	杨雪（2006）;	
非学术服务质量	Hill(1995);	
非学术	Firdaus, A. (2006a);	非学术服务质量
学校管理和环境	邢媛（2009）;	
有形性	Gary Don Schwantz（1996）;	
有形性	Lampley(1999); Ham CL(2003);	
有形性	Abdullan（2006）; Barnes(2007);	
有形性	Hadikoemoros(2001)	
有形性	马万民（2004）; 洪彩真（2007）; 罗长富（2006）; 孔祥沛（2011）	
有形性	LeBlanc & Nguyen(1997)	有形性质量
有形性	Wright（1996）	
实物设施	Kwan(1999)	
设施的便利性	G.E. Icli* & N.K. Anil（2014）	
教学设施	胡子祥（2006）	
支持性设施服务质量		
设施设备		

续表

文献原维度	研究者	维度总结
可靠性	Gary Don Schwantz（1996）；	
可靠性	Lampley(1999)；Ham CL(2003)；	
可靠性	Barnes(2007)；	
可靠性	Firdaus, A. (2006b)；	可靠性质量
可靠性	林美杏（2012）；马万民（2004）；	
可靠性	洪彩真（2007）；罗长富（2006）；	
可靠性	胡子祥（2006）；孔祥沛（2011）；	
与管理人员接触	LeBlanc & Nguyen(1997)；	
人际交互	Wright（1996）；	
指导	Kwan(1999)；	
响应性	Gary Don Schwantz（1996）；Lampley(1999)；Ham CL(2003)；Barnes(2007)；林美杏（2012）；马万民（2004）；洪彩真（2007）；罗长富（2006）；孔祥沛（2011）；	响应性质量
保证性	Gary Don Schwantz（1996）；Lampley(1999)；Ham CL(2003)；Barnes(2007)；林美杏（2012）；马万民（2004）；洪彩真（2007）；罗长富（2006）；孔祥沛（2011）；	保证性质量
移情性	Gary Don Schwantz（1996）；Lampley(1999)；Ham CL(2003)；Barnes(2007)；林美杏（2012）；马万民（2004）；洪彩真（2007）；罗长富（2006）；孔祥沛（2011）；张宇青等（2014）；	移情性质量
休闲	Angell(2008)	休闲质量
就业	Angell(2008)	就业质量
声誉	Firdaus, A. (2006a)	声誉质量
图书馆服务	G.E. Icli* & N.K. Anil（2014）	图书馆服务质量

资料来源：本书整理。

2. 定性访谈

本书为了获取博士生对教育服务过程的理解，必须直接接触调查博士生，方可获取最为真实可靠的研究资料。因此，本书在对国内外文献资料分析的基础上，初步获得了对博士生感知教育服务质量构成维度的感性认识。在此基础上，为了保证研究的完整可靠性，进一步采取定性的探索性研究。因而拟定访谈提纲，组织焦点小组访谈。

（1）定性访谈的设计与实施

以往的服务质量构成维度研究成功地运用了深度访谈，本书将采用博士生定性访谈探查博士生教育服务质量的构成。从大连理工大学、东北师范大学、东北大学、厦门大学随机选取博士生，最后确定15位处在不同就读阶段的博士生作为访谈对象。访谈使用的是前期已经设计好的访谈提纲（附录2）。访谈采用面对面交流或者网络即时通讯技术（QQ视频、微信视频）的交流方式，通过焦点小组访谈，经过集体讨论和意见的交流，主持人引导博士生们说出在接受博士生教育服务时，所关注的教育服务属性，并做详细的记录。

表3.2是被访者的基本情况描述。总的来看，被访的博士生有以下几个特征：第一，一般都是处于博士二年级以上，对博士生教育服务有一定的感受；第二，专业分布于理科、工科、人文社科、社会科学各领域。对于确定的15名访谈对象，首先要求每一位博士生积极回忆从入学到现在接受过的教育服务。第二，依据访谈提纲引导访谈对象进行交流，并记录下访谈内容。第三，对15位博士生的访谈记录进行整理，依据博士生的描述整理出访谈记录。最后，通过反复阅读访谈记录，提炼出现频率较高的关键语句。

表3.2 被访者的基本情况

Tab.3.2 The basic information of respondents

编号	性别	年级	专业
1	男	二	管理科学与工程
2	男	三	教育管理
3	男	二	机械电子工程
4	女	二	比较教育学
5	女	三	计算机科学与工程

续表

编号	性别	年级	专业
6	男	四	应用数学
7	女	四	船舶与海洋结构物设计制造
8	男	五	世界史
9	女	五	外国哲学
10	女	三	体育运动社会学
11	男	三	环境科学
12	女	三	行政管理
13	女	四	一般力学与力学基础
14	男	四	车辆与工程
15	男	二	电力电子与电力传动

资料来源：根据访谈结果整理而成。

（2）定性访谈的结果分析

对所记录的关键语句采用内容分析法进行处理。首先，把访谈的回收的资料进行编码，所有编码作为后续测量量表的题项参考。其次，把已总结的高等教育服务质量维度（表3.1）作为博士生教育服务质量构成维度的参考选集，在每个博士生教育服务质量的维度下，根据编码匹配到博士生教育服务质量维度划分参考选集下的相应维度。第三，若此编码无法匹配已有的文献提供的维度，将会增加一个新的构成维度。最后，根据已有文献研究的结果和访谈内容分析的结果，探索出了博士生教育服务质量构成维度（表3.3）。

表3.3 博士生教育服务质量的内容分析
Tab.3.3 The content analysis of service quality

编号	子编码	频次	备注	题项来源	研究构面
1	先进科研设备	5	具有有形性内涵	文献	有形性质量（tangibility）
2	充足的科研经费	4	具有有形性内涵	文献	
3	体育运动设施齐全	3	具有有形性内涵	文献	
4	图书馆资源和网络服务	8	具有有形性内涵	文献	
5	宿舍设备完备便利	9	具有有形性内涵	博士生	
6	学校展示各种信息	10	具有有形性内涵	博士生	
7	课程内容	8	具有可靠性内涵	文献	可靠性质量（reliability）
8	课程结构	7	具有可靠性内涵	文献	
9	教授授课形式多样	9	具有可靠性内涵	博士生	
10	导师指导	10	具有可靠性内涵	博士生	
11	学术交流	6	具有可靠性内涵	博士生	
12	言行举止值得信赖	5	具有保证性内涵	文献	保证性质量（assurance）
13	总是热情对待学生	4	具有保证性内涵	文献	
14	导师学术水平高	8	具有保证性内涵	博士生	
15	行政人员的业务能力较强	7	具有保证性内涵	文献	
16	后勤人员专业能力较强	3	具有保证性内涵	博士生	
17	教师的反馈满足我的科研需要	11	具有保证性内涵	博士生	
18	行政人员的反应满足我的事务上的需求	12	具有保证性内涵	博士生	
19	更改及时通知学生	5	具有响应性内涵	文献	响应性质量（responsiven）
20	及时迅速提供服务	8	具有响应性内涵	博士生	
21	后勤人员的响应满足我的生活需要	9	具有响应性内涵	博士生	
22	再忙也及时回应学生	10	具有响应性内涵	博士生	
23	后勤服务等待时间短	4	具有响应性内涵	文献	
24	主动关心学生	8	具有移情性内涵	博士生	移情性质量（empathy）
25	主动了解学生需要	7	具有移情性内涵	文献	
26	参与学校管理和政策制定	9	具有移情性内涵	文献	
27	有投诉和反馈平台	7	具有移情性内涵	文献	
28	评选奖学金过程公开透明	9	具有移情性内涵	文献	
29	便利的服务时间	4	具有移情性内涵	文献	

主编码：博士生教育服务质量

资料来源：根据访谈结果和文献整理而来

（3）博士生教育服务质量构成维度及其定义

综上，从已有文献的研究结果来看，有的学者将服务质量根据教育服务的内容来划分，直接划分为学术服务质量和非学术服务质量，也有学者根据服务的属性来划分，每一维度都较好的体现了服务的特性。本书是从服务的视角来研究博士生教育质量，应更好地体现博士生教育服务的属性。因此，根据服务的一般特征、博士生教育服务特征、教育服务质量如何体现，结合博士生定性访谈结果的分析和总结，本书确定最终的"博士生教育服务质量"构成维度有五个，分别是有形性质量（Tangibles）、可靠性质量（Reliability）、响应性质量（Responsibility）、保证性质量（Assurance）和移情性质量（Empathy）（图3.1）。

①有形性质量（Tangibles）

PZB认为有形性（Tangibles）是顾客感知服务质量的本质特性，它是指服务过程中能够被顾客感知到的实体部分，包括有形的工具、设备、人员和书面材料等。所有这些提供服务的载体，都是顾客用来评价服务质量的直观参照物。有形性的实质就是服务行业中所关注的有形展示部分。有形展示是在服务市场营销管理的范畴内，一切可传达服务特色及优点的有形组成部分。在产品中，有形展示基本就是产品本身，而在服务中，有形展示的范围相对广泛。

有形性质量是高校通过有形载体呈现可感知的博士生教育服务实质信息。它主要关注的是博士生的科研条件和学术相关的信息展示情况。博士生教育服务质量有形性维度的设立是由于博士生教育服务无形性所致，其无形性主要体现为博士生教育服务是通过与博士生互动的各项活动中完成的。因而博士生不能像对待商品那样凭借观察其直接呈现的属性来鉴别其质量，同时大学在向博士生宣传该校的教育服务产品带来的收益价值方面也是具有一定难度的。因而大学要通过一些可视的、可感知的有形展示来帮助博士生感知其教育服务质量。另外，在提供教育服务过程中，教师和管理服务人员需要借助一定的教学设施设备、实验器材等完成教育服务的各项活动。因此在本书中有形性可以分为实体环境和信息展示两个维度。

实体环境是指在博士生接受教育服务过程中客观存在的，可以看得见、摸得着的事物的条件和状况。实体环境包括科研、教学和生活服务中所使用的有形载体的条件和状况。科研条件是指学校提供的科研设备仪器和图书文献资源

（网络和实体）的条件和状况。教学条件是指教室、实验室的硬件和软件的教学资源的条件和状况。生活条件是指保障博士生进行正常生活的条件，包括住宿、食堂和运动设施的条件和状况。

信息展示是在博士生教育服务中，以文字等形式向博士生传达的内容，它强调若不以文字等形式呈现，则博士生无法知晓。信息展示包括培养过程、学位学科和博士生管理与服务的信息和制度。培养过程包括博士生培养的政策规定、培养方案、教学研究、办事指南等信息。学位学科包括博士学位的授予标准、申请流程、学科专业信息、学术规范等与学位学科相关的信息。博士生管理与服务包括博士生的思想政治教育、奖助学金评选、奖励表彰、事务管理规定等信息。

②可靠性质量（Reliability）

可靠性质量是指大学在规定时间内、规定条件下规范、准确地完成博士生教育阶段的规定功能。可靠性是博士生教育服务质量的重要指标，它与核心服务密切相关。可靠性强调大学能够规范准确无误地为博士生提供各项教育服务产品，使博士生感到选择在该所大学接受博士生教育是可信任的和可依赖的。

从博士生教育服务的特征来看，博士生教育服务的无形性和生产与消费的同时性，也要求大学提供的教育服务产品是准确无误的，能够使学生感到可以信赖依靠，在博士生教育阶段，以知识和科研为核心展开，在教育服务产品生产过程中是一定要准确的，由于生产与消费的同时性，若不准确则会造成无法挽回的失误，直接影响到博士生教育的效果。

第一，规定时间是指在学习年限内，各个阶段有明确的时间限制，如博士论文的开题、中期、预答和答辩有明确的时间要求。第二，规定条件包括两个方面，一是学校提供的科研、教学和生活的条件，博士生教育服务则是在以上客观条件下而展开的；二是博士生自身的条件，即生源情况。博士生教育服务主要是以知识消费和科研训练为主，在服务过程中，博士生具有高参与性、高互动性，因而博士生原有的知识水平、研究基础显得尤为重要，更是提供各项博士生教育服务时必须要考虑的因素。第三，博士生教育阶段的规定功能是指学校承诺于博士生的各种服务项目。从属性上来看，可以分为培养方案和管理服务两个方面。博士生的培养方案中规定了培养方式、学分要求与课程设置、学位论文研究各环节要求、学术期刊论文发表要求、参加学术活动要求等。从博士生的培养方案中可以看出培养单位对博士生在学业服务上的承诺。博士生接受教育服务后的效果应与其承诺的培养方案的目标相一致，博士生教育服务过程应与博士生培养方案上所规定的事项相一致。提供学业服务的主体导师、其他授课教师应在学术指导、授课等环节力争做到规范、准确无误。同时，博士生的管理与服务是为博士生提供的非学术的各项服务。它作为博士生教育服务的重要组成部分，为博士生的学业服务提供了保障与基础。博士生所关心的奖助学金管理、心理咨询与就业指导、生活服务等方面，成为高校为博士生提供的重要服务项目。行政人员与后勤人员能规范、准确地为博士生办事显得尤为重要，它也是影响博士生教育服务质量的重要环节。

可靠性体现的是博士生教育服务中的核心服务，也是博士生最为认可的重要的维度，将可靠性分为导师指导、课程教学、学术交流三个维度。

导师指导是博士生教育服务质量中的核心要素，导师指导的规范准确，直接影响其教育服务质量。导师指导是以学位论文和课题为载体而展开的。学位论文作为博士生提升科研能力的重要训练载体。博士生在选题、开题、中期、预答和答辩的过程中，导师和其他教师对博士生进行指导，博士生逐渐掌握科学研究的方法与技巧，学术论文撰写能力得到提升。参与课题研究是博士生阶段重要的学术活动之一，在参与课题研究中承担一些辅助性的工作或者独立承担某一阶段的研究任务，课题组的老师进行指导，博士生根据老师的要求和期望不断调整自己的学习行为，获得自身的发展。

课程教学主要集中在博士生的第一年。博士生主要扮演者知识消费者的角色，或者就像Sprague和Nyquist（1989）所说的"高级学习者"，教师则主要是信息的主要提供者。在这种结构性的学习环境中，上述培养行为承担起连接师生间相互交流，确保博士生获得相应知识的纽带角色[100]。本书将课程教学分为课程内容、课程结构和课程教学方式三个维度。课程内容主要考察深度、知识面、前沿性；课程结构主要考察博士生所修课程的数量，专业课、公共课和选修课各占的比例，跨学科课程开设情况；课程教学方式主要考察授课教师在教学时所采用的教学方式是否灵活多样，符合博士生的需要。

学术交流是为博士生提供的学术服务的核心内容。科学学的创始人贝尔纳认为学术交流是科学协同合作时的信息沟通和交流，或者是不同来源思想的激发与碰撞。作为合格的博士，应具备较强的学术交流能力，如开展学术专题讲座、简短的说明自己的研究等。各项能力的获得主要依靠高校为博士生拓宽交流平台。在博士生教育过程中，为博士生提供学术交流服务不断可以促进博士生进行科研，而且通过参与学术交流博士生的能力得到提升，为成为本领域的专业人士做准备。

③ 响应性质量（Responsibility）

在服务质量的研究中，响应性质量是影响服务质量的重要因素。很多学者认为服务传递的效率是顾客感知服务质量的重要因素。因而响应性成为服务质量的重要维度。PZB认为响应性主要指反应能力，即随时准备为顾客提供快捷、有效地服务。响应性是强调服务的及时性和效果。

在博士生教育服务中，响应性与其他服务行业有所不同。在服务行业中，顾客的等待时间是一个企业服务质量的重要反应，但在博士生教育服务中，等待时间虽然重要，但是博士生们更注重的是反应之后的效果。例如，在博士生的到导师及时指导时，学生更加关注的是指导的效果是否与自己的需要相符合。响应性是高校在提供博士生教育服务过程中，对博士生的各项需要和意见做出及时有效回应的能力和意愿。它强调导师、教师和管理服务人员与博士生进行及时有效的互动，以满足博士生的合理需要。响应性主要是以服务为导向，为博士生提供服务的人员树立服务意识，以为博士生服务为导向及时有效完成各项教育服务活动。

博士生教育服务活动是属于高接触性的服务活动。博士生始终参与在教育服务活动过程中，可以说没有博士生的参与，其服务活动无法完成。博士生教育服务是师生在同一时空下以科研为核心而开展的互动活动。它与本科教育相比，更为强调师生间的互动，其中导师与博士生的关系成为博士生感知其教育服务质量的核心。导师与博士生的及时交流沟通会增强博士生的学习体验，成为博士生感知导师教育服务质量的关键因素。导师在撰写学位论文、科研等过程中进行及时的指导，从而减少博士生的等候时间，成为博士生感知服务质量的重要指标。同时通过对博士生的访谈得知，在博士生与导师的互动过程中，也体现出导师帮助学生的意愿，也成为博士生感知导师服务质量的关键因素。

在课程学习中，授课教师在课上、课后与博士生互动的质量，授课教师能够对博士生在课程学习中的需要做出及时的回应，表明授课教师的为博士生服务的意识，把博士生的需求和利益放在第一位。另外，由于博士生的特殊性，管理服务人员更需要及时了解博士生的需求，能快速的做出响应和整改。在博士生办理事务时，减少博士生的等待时间，表现出主动帮助博士生解决问题的意愿，都将成为影响博士生教育服务质量的重要因素。

在导师指导、课程教学、管理服务等过程中，相关人员对博士生需要的及时回应成为博士生感知其教育服务质量的重要因素。但回应的效果也是博士生考虑的重要因素。如导师在对学生进行指导时，能否有效满足学生的科研的需要成为博士生评价教育服务质量的重要指标。因而响应性不仅强调高校提供教育服务的相关人员的反应及时性，更加注重的是回应的效果。

④ 保证性质量（Assurance）

保证性质量是指服务人员良好的服务态度和胜任工作的能力，增强顾客对企业服务质量的信心和安全感[101]。服务人员良好的服务态度会使顾客感到心情愉快，自然会影响顾客的主观感受，从而影响顾客对服务质量的评价。服务人员具备渊博的专业知识，能够胜任服务的工作，会使顾客对企业及其提供的产品产生信心，并对获得满意的服务感到愉快。

在博士生教育服务中，保证性是教育服务质量的重要反应。博士生教育服务主要是以知识为载体的一种高接触型的服务。提供教育服务的人员的专业知识，岗位胜任能力是高质量完成教育服务的基本前提。博士生教育服务又是在不断与博士生互动交流中得以完成，博士生的参与度直接影响其教育服务的效果，因而提供服务的人员具有良好的态度，可以调动博士生的积极性。保证性是在提供博士生教育服务过程中，导师、教师和管理服务人员表现出的态度友好和岗位胜任能力，可以增强博士生获得学位的信心。保证性能够增强博士生对其教育服务质量的信心和安全感。

博士生教育服务是一种知识型服务，它具有无形特征，博士生很难评价服务的产出，大学则需要通过其教育服务传递者的一些显性特征，增强博士生对享有的博士生教育服务效果的感知。同时，博士生教育服务还具有生产与消费的同时性特征，因而博士生教育服务产品是不可存储、转售和退回的。博士生在选择了该校的教育服务产品时，就无权转售他人或者退回，大学则要通过博士生教育服务产品的主要生产者的知识水平和服务态度来确保博士生教育服务活动的有效完成。基于以上博士生教育服务活动的两种特性，作为博士生教育服务的提供者需要具备较好的态度和岗位胜任能力，它是博士生教育服务得以顺利进行的保障。

导师的专业知识水平和科研能力对学术训练质量有着较大的影响，其他教师在课程教学中所体现出的知识水平、教学方法等也对课程服务质量产生直接影响，管理服务人员的管理专业知识以及对待博士生的态度也影响者博士生对其教育服务质量的感知。可见，大学提高师资水平，能够减少博士生教育服务失效。

态度友好贯穿于博士生教育服务的全过程，导师、授课教师、管理服务人员对待博士生的态度、言语、行为等的基本规范。教师的职业态度是教师职业道德的基本规范，特别在博士生教育阶段，博士生与导师、课题组其他教师、管理服务人员的互动交流较多，他们对待博士生的态度、言语和行为成为博士生感知其教育服务质量的重要影响因素。

胜任能力在博士生教育服务中主要指专业知识。专业知识是导师、授课教师、管理服务人员在各自的范围内掌握相对稳定和系统化的知识。它强调提供博士生教育服务的人员的胜任能力。如导师的学科专业知识水平、学术水平、科研能力；授课教师的专业知识、讲授水平；行政人员的管理学、心理学、教育学等专业知识水平、处理日常事务的能力；后勤人员的相关技能等。

⑤ 移情性质量（Empathy）

移情性质量是指企业和服务人员能设身处地为顾客着想，努力满足顾客的要求。这便要求服务人员有一种投入的精神，想顾客之所想，急顾客之所需，了解顾客的实际需要，以致特殊需要，千方百计予以满足，给予顾客充分的关心和体贴，使服务过程充满人情味，这便是移情性的体现[102]。在移情性中，强调的是服务人员对顾客的感情投入程度，对顾客的需求的关心了解，以及顾客能够非常容易地与服务人员接触。

在博士生教育中，移情性质量是在提供各项博士生教育服务过程中，导师、教师和管理服务人员能设身处地站在博士生的角度了解和关心学生，为博士生提供人性化的服务。第一，博士生作为博士生教育服务的评价主体，高校相关人员能从博士生的角度考虑他们的需要、关心他们的发展是提高博士生服务体验的关键因素。

第二，博士生作为博士生教育服务的直接顾客，有其特殊性；从人口统计学特征来看，博士生的年龄、学科背景、读博动机等都具有较大的差异性，从心智的发展程度来看，博士生普遍要比其他阶段的学生成熟，学习的自主性强，个体诉求呈现多元化，博士生的特殊性要求大学相关人员需要对博士生提供个性化的关注，在博士生教育服务过程中把博士生作为独立的个体对待。

第三，目前我国的博士生培养方式多为导师负责制，便是体现了移情性的本质，导师负责制要求导师系统掌握博士生教育的相关知识，从教育学、心理学、社会学、管理学等角度构建完善的博士生教育知识体系，增强责任心，更多地了解每一位博士生的成长规律和变化，用充分沟通和关注来指导不同的博士生在学术成长和个性发展等方面的全面发展。移情性的本质是通过为博士生提供个性化的教育服务使每位博士生感到自己是唯一的和特殊的，能够感受到导师、教师和管理服务人员对他们的足够重视和情感理解。正如LeBlanc & Nguyen认为高等教育的情感性价值是为学生服务过程尤为重要的一个维度[103]。在提供教育服务过程中，导师、其他教师和管理服务人员设身处地的理解博士生在课程学习、博士论文撰写、参与课题、生活中的感受，才能映射地为每一位博士生提供适合他们发展的教育服务产品。作为博士生，在校期间获得了表达自己意愿与想法的机会，能够增强博士生与大学相关人员的沟通。

关心了解是指高校将博士生作为单独个体用实际行动去关心重视他们的需要的程度。它强调的是导师要了解每位博士生的特点，在提供各项博士生教育服务时，将他们作为独立个体进行关心重视。对博士生的群体关注主要体现在导师、授课教师、行政人员和后勤人员对待博士生的行为上。

可接近性是指在博士生教育服务过程中，博士生在各项活动中表达个人意见机会的多少和和服务时间、设施的便利程度。随着博士生需要的多样化，在各项教育活动中是否给予博士生足够的表达个人意见的机会以及提供教育服务时间的便利性和教育服务设施的使用便利性日益成为博士生关注的重点。

3.1.2 五维度概念模型构建

服务质量由多个维度构成的观点，已经得到了学术界的普遍认可。在第2章理论研究的基础上，通过运用文献分析法、定性访谈法，对博士生教育服务质量的维度进行了验证性研究，得出博士生感知教育服务质量是由多维度多层次的结构构成。博士生感知教育服务质量的主维度为有形性、可靠性、响应性、保证性和移情性；它的子维度为实体环境、信息展示、课程教学、导师指导、学术交流、及时性、有效性、态度友好、胜任力、关心了解及可接近性。

综上，本书做出以下假设推导，假设博士生教育服务质量由有形性质量、可靠性质量、响应性质量、保证性质量和移情性质量五个维度构成。在此基础上构建了一个博士生教育服务质量五维度概念模型，如下图3.1所示。

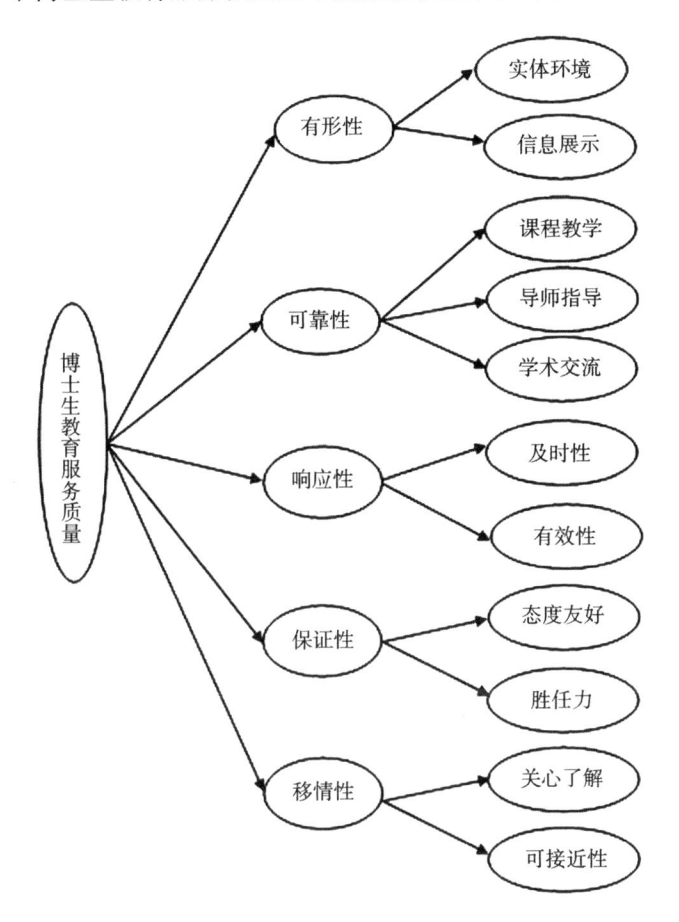

图3.1 博士生感知教育服务质量五维度概念模型

Fig.3.1 The conceptual model of five dimensions on service quality in doctoral education

3.2 学生满意度与感知教育服务质量关系模型

3.2.1 学生满意度的变量析出

1. 学生满意度构成维度的理论综述

学生满意度已经成为衡量教育服务质量的一个标准。从长远来看，学生满意度会直接影响大学的生存和发展。对于大学而言，学生满意度指数在对实际工作中并没有指导性的现实意义，探寻学生满意度的构成要素才是至关重要的，其构成要素便是学生满意度的主要构成维度。

对学生满意度进行维度划分是对满意度进行测量的基础。目前关于满意度的测量方法主要有两种。第一种是整体评估法。认为满意度是单一维度的概念，只需要用单一的问项对组织的总体满意度进行测量即可（Cronin & Taylor, 1992）[13]。例如"您对自己接受的教育服务满意吗？"运用这种测量方法简单而明了，但由于学生满意度本身是一个复杂而广泛的概念，其构成要素丰富。这种单一整体性的评价便是一种包容性较强的测量方法。而这种方法也只可以得到学生满意度的总体得分，可以了解到学生的总体满意状况，但无法诊断教育服务中存在的学生满意度的具体的问题，作为大学便无法找到学生不满意的地方进而改善服务。正因如此更多的学者指出使用单一维度进行测量是不科学的，满意度像服务质量一样也是一个多维度的概念，需要进行多维度的测量（Bitner & Hubert, 1994[104]; Westbrook & Oliver, 1981[105]; Crosby & Stephens, 1987[106]; Churchill & Surprenant, 1982[63]; Sureshchandar et.al, 2002[107]; R Ciornea&MF Bacila, 2014[108]）。Bitner&Hubert（1994）使用了9个题项对满意度进行了测量。Churchill & Surprenant（1982）将满意度划分为四个维度：服务或产品特征（Product/service features）、支付功能（Payment features）、售前和交付服务（Pre-sale and delivery services）、售后服务（After sales services）。

综上，学术界对满意度的构成维度主要分为两种观点，一种是单因素论，另一种是多因素论。只对满意度做总体上的单项测量不能很好说明满意度的现实情况，同样也不能分析对满意度影响较大的关键因素。根据Westbrook，R.A.和Oliver R L.等学者的研究成果，学生满意度大致可以由两个要素构成。

第一，情感维度。许多学者从消费情感的角度来研究满意度，认为消费情感是影响满意度的重要因素。如1980年美国学者维斯布鲁克（Robert A. Westbrook）从消费者情感的视角分析了顾客满意度，他发现满意度不但受到认知性评价的影响，也受到顾客情感的影响[109]。在1997年奥立弗也提出满意度包含情感成分[67]。情感成分则表现顾客的需要得到满足或实现的过程中产生的愉悦、惊喜、愤怒和生气等情绪。因而情感成为衡量满意度的一个维度[110]。

第二，认知维度。认知成分是消费者对服务的实际表现的感知与标准进行比较的结果。在奥立弗（1980）的"期望—实绩模型"中得到很好的阐述。消费者在购买服务前，会根据自己先前的消费经历、服务的宣传、他人的口碑等途径对该服务进行一定的了解，从而结合自己的需要，产生对服务的相关期望。在参与服务生产过程中或服务结束后，顾客则会对服务的实际水平有所感知，如果服务实际水平超过了顾客的期望标准，表示非常满意；如果低于期望顾客则会不满意；如果符合顾客期望，顾客则感到满意。学术界普遍认可该模型，并在研究中进行使用，主要产生了两种期望与实绩差距的定义方法。一种是顾客感知实绩与顾客期望（比较标准）相减所形成的差距，另一种称为主观差距法，此种观点主要认为感知实绩和顾客期望都是事后测量，难以准确地测量出感知实绩与顾客期望之间的差距，可以说顾客感知的实绩多大程度超出顾客的期望是顾客的一种主观评价[111]。

2.学生满意度的构成维度访谈案例

①研究方法。本书需要对前文的学生满意度的构成要素的理论推演进行确认，所以采用探索性半结构化的案例访谈的方法；需要说明的是，本次研究没有采用抽样逻辑的方式决定案例数量，故不会存在样本大小的问题[112]。

表3.4 案例样本的基本信息

Tab.3.4 The basic information of the sample

编号	性别	年级	专业
1	女	三	一般力学与力学基础
2	女	二	刑法学
3	男	一	机械电子工程
4	男	三	生态学
5	男	四	计算机科学与工程
6	女	三	应用数学
7	男	二	船舶与海洋结构物设计制造
8	女	四	教育管理
9	女	五	外国哲学
10	女	二	社会学
11	男	三	环境科学
12	男	四	行政管理
13	男	三	地理学
14	男	二	车辆与工程
15	男	四	电力电子与电力传动
16	女	一	管理科学与工程
17	女	三	材料物理与化学
18	女	四	比较教育学
19	男	二	世界史
20	男	三	逻辑学

资料来源：根据访谈结果整理

②案例的基本信息。2016年11月至12月间，对5所不同类型、性质、地域的高校进行了半结构化的访谈，去除一所信息量严重缺失的高校，有4所高校的博士生提供了较为全面的信息，4所高校分别是大连理工大学、东北师范大学、厦门大学、东北大学。每所高校选取5位博士生，共计20名。案例样本的基本信息如上表3.4所示。

③学生满意度构成维度的访谈研究结果

本书在访谈博士生后，对访谈得到的信息进行整理、提取、确认工作，最终获得了22个点的信息碎片，这些碎片均与学生满意度的构成要素有关系。在此基础上，按照前文理论分析所得到的学生满意度的构成要素将这些碎片化的信息进行归类整理。其结果如表3.5所示。

表3.5 碎片化信息表

Tab.3.5 Information of interview pieces classification table

构成要素	二级要素	访谈所得信息	频次
情感	科研兴趣	兴趣增加；无法吸引我的科研兴趣；	13
	愉快	在学过程很高兴；很开心；	11
	厌倦	对学业感到讨厌；疲倦	9
	自豪	在这里学习骄傲；值得称赞	16
	痛苦	读博感到很痛苦；	7
	抱怨	和别人讲过教育服务差；抱怨过这里的教育服务；	12
	生气	有时候感到生气；感到气愤；	11
	失望	有过失望；感到没有希望	14
认知	本选择是英明的	选择该校最优；选择是明智的；	19
	教育服务较为合适	教育服务适合我；教育服务比较合意；教育服务基本符合要求；	12
	教育服务与预期相比	高于期望的教育服务；正好是；低于我的期望；	18
	教育服务水平与理想水平比较	教育服务好于我的理想水平；正好达到理想水平；根本没达到理想水平	15
	总体上的满意度	整体上是满意的；我经历的是满意的；	20

资料来源：根据访谈结果整理

从对博士生访谈的结果信息中来看，被提及频率最高的二级要素有总体满意程度、选择该校读博士英明的、教育服务于预期相比、在该校学习感到自豪；另外超出半数被提到的二级要素有科研兴趣、愉快、抱怨、生气、失望、教育服务较为合适、教育服务水平与理想水平比较。在访谈中要求被访的博士生列出最为重要的三项满意要素，虽然各位博士生所选择的要素与排列顺序各不相同，但是其中与总体满意度相关的要素人数最多（16人），其次是本选择是英明的（14人）和教育服务与预期相比（12人）。由此，学生满意度最重要的构成要素就为以上出现次数最多的三个要素。学生满意度构成次等构成要素为表3.5中频次超过半数的要素，如愉快、生气等。本次研究选取了11类学生认可程度较高的满意度构成要素，并且根据前文的学生满意度理论综述对其归类解释。

3. 学生满意度的维度解析

根据探索性多案例研究的结果，学生满意度是由认知要素和情感要素共同组成的。情感要素是后续学者提出的一个要素，他们认为情感能够更好地解释满意度。期望、实际水平的感知和差距都属于认知因素，在期望与实际水平的比较过程中，情感体验是独立于感知之外不被感知所控制的过程，即情感要素和认知要素是两个独立的变量（Oliver，1993a；Oliver，1993b；Westbrook，1987；Lijander & Strandvik 1997；Dube-Rioux，1990；Westbrook & Oliver，1991）。

（1）认知满意度

认知满意度是博士生对教育服务的表现与一定的标准进行比较判断的结果。"一定标准"主要是博士生对博士生教育服务的预期，期望是在入学前就已经形成。博士生在入学前潜意识中会有"希望培养单位具有高水平的师资、老师能积极主动地为学生提供学习生活上的帮助、能够结合自己的科研兴趣选择适合自己的研究课题、提供自己所需要的课程和学术训练、科研设施完备的实验室、培养单位具有很高的社会地位及学生的就业出路很好"的期待，这些期望作为在接受教育服务后评价满意程度的一种衡量标准。当博士生感知到的教育服务的表现与他们所期望的正好一致时，博士生则感到满意，如果产生不一致，当不一致为正向时，则是非常满意，当不一致为负向时，则是不满意。

博士生满意度中的认知因素强调的是博士生根据自己的教育经历和体验与自己的期望相比较，对满足自己需要程度的一种主观的判断。在博士生把自己的实际感知与期望进行比较的过程是一种对博士生教育服务理性的认知评价的过程，强调了博士生的认知过程，即博士生的期望、培养单位提供教育服务的实绩、二者之间的差距对博士生满意程度的影响。根据Oliver的"期望—实绩模型"，学生认知满意度的形成有以下四个进程，学生对博士生教育服务期望的形成为第一进程，学生参与博士生教育服务的过程为第二进程，学生期望与学生实际感知的博士生教育服务水平的差距为第三进程，学生认知满意度的形成为第四进程。

（2）情感满意度

情感主要是从心理学的角度来研究顾客满意度。情感的英文为"emotion"，该词来自拉丁文的"e"和"movere"，原始意为从一个地方移动到另一个地方[113]，后来隐身来形容人的精神和心理状态。与情感相近的词有"情绪（mood）、感情（affect）、感觉（feelings）"等，在心理学的研究中，这些词语是分开使用，各有各的明确含义。但在营销学中，这些词基本表示同种含义，即区分人的认知活动，是人对客观事物的态度的一种反应，主要表现为喜、怒、哀、乐、惧等心理体验。Campos（1983）认为情感是人与周围环境中的时间之间产生某种关系下的心理现象。刘清峰认为该定义有三层含义，其一定义中规定了人与周围环境的关系，其二解释了心理现象的来源：由环境决定又反应环境，其三揭示了情感的含义[114]。

消费情感是顾客应消费产品或服务过程产生的情感。也有学者认为消费情感是顾客对产品或服务的属性和顾客对自己最终获得的消费价值所形成的情感反应[115]。本书第三章在论述了博士生教育具有服务的性质的基础上，也论述了博士生作为教育服务消费者身份的含义与特征。

从服务的视角来看，博士生教育是为博士生提供各项服务的总和，其中包括学术服务和生活服务；博士生参与这些教育活动实际上是消费教育服务产品的过程。博士生对教育服务产品满意程度，不但是他们在消费教育服务产品中的认知反应，也是对教育服务产品的情感体验。情感满意度是指博士生在消费教育服务过程中产生的情感反应。情感反应既是在教育服务过程中，博士生情感不断变化的过程，也是在消费某个具体的教育服务产品的时间点上所产生的情感，这种情感具有稳定性，是可以测量的。如博士生在上课过程中，课程内容、教师的授课风格等使博士生获得知识的需要得到满足，博士生的情绪一般会产生积极的反应，如高兴、愉悦等；如果博士生在学期间，学术发展等方面都比较顺利，博士生也很容易产生愉快、满意等情绪体验。

在博士生教育服务消费中，博士生的消费情感同样具有其他消费领域顾客消费情感的属性。Izard（1982）提出从快乐、紧张、兴奋和确定性四个维度，我们将情感分为三类：积极情绪、消极情绪和中性情绪。其中，积极情绪是由兴趣和快乐组成的，消极情绪包括愤怒、厌恶、轻蔑、痛苦、恐惧、羞怯和内疚，中性情感有惊讶等组成[116]。Oliver（1993）认为消费情感分为情景属性、自我属性和其他属性三类[117]。Westbrook（1987）则把消费情感分为正面情感和负面情感，实证研究表明它们是相互独立的[118]。Krishnan 和 Olshavsky（1995）从消费的时间上对情感进行了划分，他认为消费情感分为过程经历情感和服务结果的情感[119]。同时，学者们指出消费情感无论具有怎样的属性，都与满意度存在某种关系，可以作为衡量满意度的一个标准。如Westbrook

（1980）研究了顾客的消费情感与顾客满意度的关系，提出了顾客的消费情感可以作为满意度的一个衡量手段的观点[121]。

此后，该观点得到了学术界的认可，学者们纷纷在此基础上，对各个领域的服务进行了实证研究，证实了此观点[120, 121]。Oliver（1997）对"期望—实绩模型"进行了修正，指出顾客满意度不仅包括认知成分，还包括情感成分，消费情感是影响顾客满意的重要因素。消费情感作为衡量满意度的一个重要维度，大多数学者在测量中把情感分为正面情感和负面情感，正面情感如喜悦、兴奋等，负面情感包括恼怒、悲愤等。温碧燕（2003）指出顾客在服务消费过程中可能体验一种或多种情感，许多学者在实证研究中，都从正面情感和负面情感两个方面来计量顾客的情感[122]。在博士生教育服务消费中，博士生的消费情感属性也存在正面和负面情感，这些情感是影响博士生满意度的重要因素。这些情感是可以用一定的方式测量出来的。

3.2.2 假设提出与关系概念模型构建

依据第1章对服务质量与满意度的关系研究的文献梳理可知，服务质量与满意度的关系一直是学术界争论的话题，至今也没有定论，但达成一致的是满意度已经成为测度服务质量的关键标准。第2章论述了博士生感知教育服务质量与满意度的因果关系，认为博士生教育服务质量是学生满意度的前因。这正与已有研究的结论相一致。如Athiyaman A.（1997）等学者通过实证研究指出，教育服务质量是影响学生满意度的一个重要因素，并认为在教育服务消费过程中，学生是通过服务过程中的可靠性、响应性、保证性等方面来感知服务质量从而形成其满意度的[138]。Ham C L.（2003）的研究表明教育服务质量对学生满意度有显著影响[103]。P Hernon et.al（1999）通过实证表明高等教育服务质量与学生满意存在直接正向影响关系[123]。我国学者胡子祥（2006）的实证研究结果也表明，高等教育服务质量对学生满意度有显著的直接影响[38]。其中Petrovicová J T，Riznic D，et al.（2013）是最新的研究成果，在对已有的高等教育环境下服务质量和学生满意的相关文献进行了综述，在此基础上提出了服务质量与顾客满意关系模型，并进行了实证检验，发现高等教育服务质量对学生满意有积极的正向影响关系[124]。因此，本书认为学生感知到的教育服务质量越好，满意度就会越高，服务质量对学生满意度存在影响作用。

情绪认知理论认为人们对客观事物或服务的认知性评价会影响他们的情感。博士生教育服务质量属于博士生对接受的教育服务的认知层面的评价，而博士生满意度是对博士生教育服务的主观判断，既包括认知成分也包括情感成分。

综上，本书在已有的研究成果的基础上，根据博士生教育服务质量的分析框架，认为博士生教育服务质量与与学生满意度之间存在正向影响关系。

1. 有形性质量与学生满意度的关系及其研究假设

有形性质量是由于教育服务的无形性而出现的，教育者为了更好地向学生展示其教育服务产品，通过一些具有实体性质的载体向学生提供服务。Bitner（1990）认为有形的服务环境会对人们的情感反应产生积极的影响，诱发正面的情感，抑制负面情感。[125]首先，在博士生教育服务中也有有形要素，如大学建筑的风格、实验室或研究室的设施设备、教室的环境等等，这些要素对博士生的情感会存在一定的影响，如实验室或研究室的设施设备会影响博士生的科研兴趣，宿舍的舒适程度会让博士生产生愉快的情感等等。其次，这些有形要素会直接对博士生的认知产生影响。PZB（1994）认为有形设施对满意度中的认知因素有直接的影响作用。

在教育服务环境下，很多学者经过研究证实出有形性质量对学生满意度有直接正向影响（Gary Don Schwantz，1996[40]；Ham CL，2003[92]；马万民，2004[35]；洪彩真，2007[30]；张宇青等，2014[58]）。基于前人的研究成果和前文的理论分析，在博士生教育服务消费过程中，博士生对学校提供的有形设施的良好感知有助于提高博士生认知和情感满意度。因此，本书假定：

H1：有形性质量对学生情感满意度存在正向影响关系。

H6：有形性质量对学生认知满意度存在正向影响关系。

2. 可靠性质量与学生满意度的关系及其研究假设

博士生教育服务质量中可靠性质量都从导师指导、课程教学和学术交流三个方面体现出来的，可靠性质量是博士生教育服务质量中的核心质量，周文辉等人（2012）通过实证研究表明导师、课程教学和学术交流对学生满意度有正向影响，其学生满意度包括情感和认知两个因素。还有些学者通过研究教育服务质量与学生满意度的关系得出，可靠性质量对满意度有直接影响（Raposo H A M.，2007[125]；Lampley，1999[42]；罗长富，2006[31]；胡子祥，2006

[29]；冀慧，2012[126]）。

从已有研究所得出的结论可知，可靠性对博士生满意度的情感和认知都有可能产生影响，但其影响的性质和程度可能存在差异或完全不同。基于此，本书提出以下假设：

H2：可靠性质量对学生情感满意度存在正向影响关系。

H7：可靠性质量对学生认知满意度存在正向影响关系。

3. 响应性质量与学生满意度的关系及其研究假设

响应性质量是在提供教育服务过程中，导师、教师和管理服务人员对学生的回应的及时性和有效性。及时性和有效性主要从他们的态度、语言和行为中体现出来。在已有的研究中，很多学者通过研究证实出响应性对满意度有积极显著的影响，响应性质量越高，满意度的水平越高（吕维霞，王永贵，2010[126]；周涛，鲁耀斌，2007[127]；LeBlanc & Nguyen，1997[128]）。还有些学者通过研究教育服务质量与满意度的关系得出，响应性质量对学生满意度存在积极正向影响（罗长富，2006[31]；孔祥沛，2011[129]；石贵成，卜慧美，2012[73]；Lampley，1999[42]）。

基于前人的研究成果和理论分析，博士生教育服务质量的响应性性对学生满意度的情感和认知都有可能产生影响，但其影响的性质和程度可能存在差异或完全不同。基于此，本书提出以下假设：

H3：响应性质量对学生情感满意度存在正向影响关系。

H8：响应性质量对学生认知满意度存在正向影响关系。

4. 保证性质量与学生满意度的关系及其研究假设

教育服务质量中保证性质量从导师、教师、管理服务人员的岗位胜任力和工作态度中体现出来。保证性质量与博士生教育服务过程相对应。研究表明保证性质量是影响学生满意度的关键因素，张宇青等人（2014）实证调查得出保证性质量是决定博士生满意度的主要指标[58]，孔祥沛（2011）利用结构方程模型保证性质量对研究生满意度有显著正向影响关系[145]。在马万民（2004）[35]、罗长富（2006）[31]、洪彩真（2007）[30]、Lampley（1999）[42]、Ham CL（2003）[92]的博士论文中，都得出教育服务质量中的保证性质量对学生满意具有影响关系。

本书认为满意度的因子主要有认知因素和情感因素。基于前人的研究成果及本文的理论分析，认为博士生对保证性质量的评价越高，博士生的满意度也就越高。因而提出以下研究假设：

H4：保证性质量对学生情感满意度存在正向影响关系。

H9：保证性质量对学生认知满意度存在正向影响关系。

5. 移情性质量与学生满意度的关系及其研究假设

移情性质量主要从导师、教师和管理服务人员主动关心了解博士生和为博士生提供便利的行为中得到体现。范秀成等（1999）的研究认为满意度不仅是认知的过程，也包含情感因素，并且通过结构方程模型验证得出服务质量的移情性质量对满意度有正向影响[16]。在高等教育环境下，很多学者通过构建服务质量与学生满意度的关系模型，进行实证研究得出移情性质量对学生满意度存在较低的正向影响关系（王齐[132]；Richard Emanuel 等[133]；马万民[35]；张宇青[58]；孔祥沛[145]）。

表3.6 关系概念模型的研究假设整理表

Tab.3.6　The summary of research hypothesis

假设	假设陈述	预测方向
H1	学生情感满意度<--有形性质量	+
H2	学生情感满意度<--可靠性质量	+
H3	学生情感满意度<--响应性质量	+
H4	学生情感满意度<--保证性质量	+
H5	学生情感满意度<--移情性质量	+
H6	学生认知满意度<--有形性质量	+
H7	学生认知满意度<--可靠性质量	+
H8	学生认知满意度<--响应性质量	+
H9	学生认知满意度<--保证性质量	+
H10	学生认知满意度<--移情性质量	+

在已有的研究成果的基础上，本书认为在博士生教育服务中，移情性质量对博士生的满意度可能产生影响，但其影响的性质和程度可能存在差异或完全不同。基于此，本书提出以下假设：

H5：移情性质量对学生情感满意度存在正向影响关系。

H10：移情性质量对学生认知满意度存在正向影响关系。

以上综述了学生满意度作为教育服务质量测量标准的相关文献，在此基础上，提出了本书的相关假设，如表3.6所示。

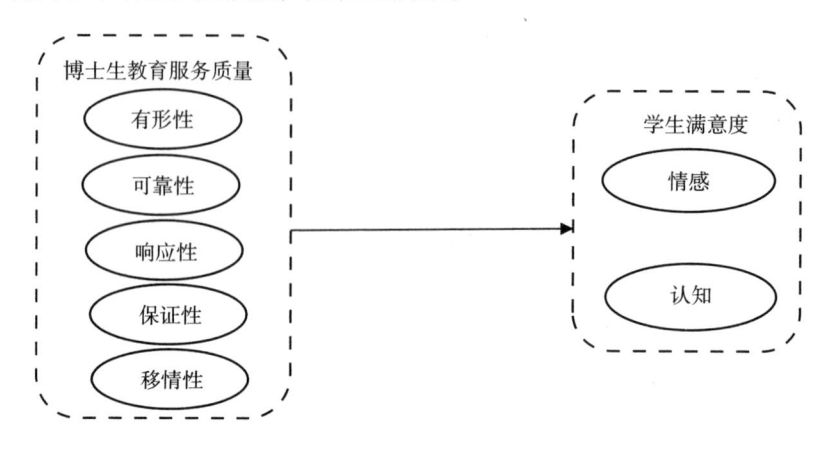

图3.2 关系概念模型

Fig.3.2 The relationship between service quality in doctoral education and students satisfaction model

在研究假设的基础上，提出了一个学生满意度作为衡量博士生教育服务质量标准的概念模型，简称为关系概念模型。从变量类型上来看，博士生教育服务质量属于自变量，学生满意度属于因变量。博士生教育服务质量由有形性质量、可靠性质量、响应性质量、保证性质量和移情性质量五个二级变量构成，学生满意度由两个二级变量构成。如图3.2所示。

在关系概念模型中，包含10对研究路径关系，如图3.3所示。

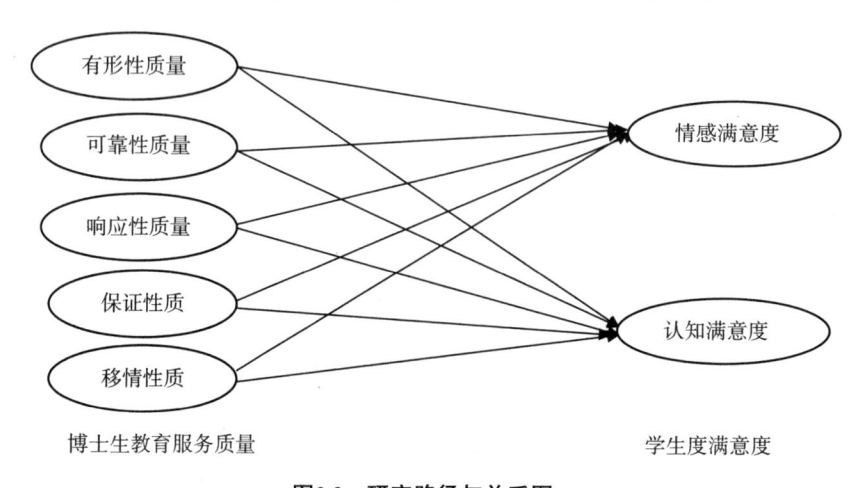

图3.3 研究路径与关系图

Fig. 3.3 The summary of research path

3.3 问卷设计与变量测量

3.3.1 问卷设计

由于本次研究的对象是高校的博士生，已有的公开的调研数据不能用来评价目前的博士生教育服务质量与学生满意度的变量。因此，本书采用问卷调查的方式收集研究数据，运用主观感知采取李克特5分量进行打分测量。鉴于研究的是复杂的教育质量现象，且单个题项度量的概念较窄，为了提高研究信度，故设计了多个异质性的题项，其设计步骤如下：

首先，查阅文献。搜集并阅读大量有关服务质量各维度、满意度各维度的国内外文献，结合研究的问题挑选合适的量表，设计初步的问卷。

其次，专家研讨。经2位教授和4位副教授研讨后，汲取意见和建议，修订成问卷二稿。

第三，学生访谈。为了进一步提高题项的表述质量，选取了20位博士生就问卷二稿的题项设计、表述、格式等为题征求了改进意见，并形成问卷三稿。

第四，小样本测试。在一定范围内发放有限数量的问卷并回收数据进行统计分析，对有关题项进行修改，形成最终问卷。（详见附录1）

终稿问卷分三个部分，分别是博士生教育服务质量、学生满意度和填答人的基本信息。最终的问卷是采取李克特5级量表对变量进行测量的。虽有些研究是采用7级量表以此增加对变量变异程度的测量，以利于增强变量的区分度。但经过文献查阅，采用5级量表是研究的主要趋势，过于复杂的级别也不利于填答问卷的人来填答。因此，在本问卷的第一部分和第二部分都采用李克特5计量表进行测量，分数与评价同向计分："1"代表非常不符合，"2"代表不太符合，"3"代表一般，"4"代表比较符合，"5"代表完全符合。

3.3.2 变量测量

根据变量之间的相互关系，可以将变量分为自变量（解释变量）和因变量（被解释变量）。其中博士生教育服务质量（有形性、可靠性、响应性、保证性和移情性）是自变量，学生满意度（情感、认知）是因变量。尽量采取中外文献中较为成熟的题项用于测量指标的开发，如果没有可供选择的或被证明的项目，则根据访谈结果、主体的情况和变量的内涵来独立设计。

1.博士生教育服务质量构成维度的操作性定义与衡量

博士生教育服务质量的构成维度是影响博士生对教育服务进行感知的关键因素，对探究博士生教育服务的现实状况具有重要的研究意义，同时也是学生满意度的重要影响因素。本书在已有文献分析的基础上，通过访谈得出博士生教育服务质量由5个维度构成，分别是有形性、可靠性、保证性、响应性和移情性。在5个维度中，结合博士生教育服务的特殊性，在每一个维度下又进行了下一级变量的选取。本书每个维度的具体测量题项是在Cronin & Taylor（1992）的SERVPERF量表的基础上，参考已有相关研究的测量并结合定性访谈的结果进行设计的。

（1）有形性质量（Tangibles）

在研究生教育服务质量的研究中，学者们认为有形性质量是研究生教育服务中必不可少的一部分，学生们正是通过校园和宿舍环境、拥有的实验设备、信息资料的宣传等方面直观的感受其教育服务质量。罗长富认为研究生教育服务质量的有形性质量是为研究生提供的教学设施、设别等"有形部分"，如组织的设施、设备以及服务提供者的仪表或行为表现等[24]。Gary Don Schwantz（1996）和Ham CL（2003）认为有形性质量是指为学生提供高等教育服务过程中所使用的实体物品，这些物体可以看作传递教育服务的载体，有助于学生从直观感知其高等教育服务的质量[34][103]。结合博士生教育服务的特点，本书将有形性定义为高校向博士生提供教育服务中的实体环境和信息展示等的优良程度。

实体环境是指高校为博士生提供教育服务时所使用的设施设备的优良程度。信息展示是指高校向博士生提供的各种信息的全面程度。信息展示强调如果没有高校通过各种途径或方式向博士生展示，博士生则无法知晓此信息。由于已有的研究中对有形性定义的差异性也导致了测量题项的不同。表3.7总结了教育领域各位学者在实证研究中使用的关于有形性的测量。

表3.7 教育服务领域有形性的测量题项

Tab.3.7 The items of tangibility in education service

作者（时间）	题项
Gary Don Schwantz(1996)	1.现代化的教学设施设备。 2.教职工穿着干净整洁。 3.校园环境优美。
Ham CL（2003）	1.校园中信息展示详细具体。 2.校园和教室中的设施先进。 3.教职员工干净整洁的外表。 4.校园环境优美。
马万民（2004）	1.学校拥有先进教学、生活和课外活动设施的情况。 2.学校教学、生活和课外活动设施的外观吸引人的情况。 3.教职员工穿着得体，干净的情况。 4.教职员工为学生服务过程中的有关计划、标准、规范、程序、要求等资料具备情况。 5.学校提供各项服务在时间的安排上方便学生的情况。
罗长富（2006）	1.学校拥有先进教学、科研设施的情况。 2.教职员工在为学生服务过程中穿着得体、整洁干净的情况。
孔祥沛（2011）	1.不需要花太多时间就能找到校园信息。 2.宿舍环境幽雅、舒适。 3.图书馆的信息和服务都很充足。 4.学校的实验设施能满足我科研的需要。

综合表3.7中各位学者对有形性的测量题项，并结合博士生定性访谈的结果，本书最终确定有形性的测量采用多维度、5级李克特量表的测量方法，共包括7个题项（表3.8）。

表3.8 本书中博士生教育服务质量有形性的测量题项
Tab.3.8 The items of tangibility in research

二级变量	三级变量	测量指标	来源
有形性 Tangibles	实体环境（ST）	1.学校为我提供先进的教学科研设施设备。 2.学校的图书资源（实体和网络）充裕且获取便利。 3.宿舍的各种设施非常完备便利。 4.学校提供齐全的体育运动设施。	文献：罗长富（2006），马万民（2004），孔祥沛（2011），Gary Don Schwantz(1996)，Ham CL（2003），定性访谈结果
	信息展示（XX）	5.学校通过各种方式向博士生提供教育相关的政策规定、办事指南、培养方案等信息。 6.学校能够规范准确地提供学位授予标准、学科专业、学术规范等学位学科信息。 7.学校经常向我提供思想教育、奖助学金、评优、保险、就业等信息。	

（2）可靠性质量（Reliability）

在PZB的SERVQUAL量表中，他们把可靠性质量定义为"可靠性质量是可靠地、准确地履行服务承诺的能力。"该定义体现了服务中的关键属性，为顾客感知服务质量提供了参照点，同时也是服务质量的测量可操作化。在研究生教育服务的环境下，罗长富（2006）认为可靠性质量是指研究生机构能否可靠且准确地提供所承诺服务的能力[24]。刘源（2013）则认为可靠性质量是指使研究生教育服务活动平稳有序开展及达成培养目标的能力[134]。这种定义的不一致性也导致了在实证研究中可靠性概念操作的多样性。表3.9总结了目前研究生教育服务领域学者们对可靠性质量的测量。在本书中，可靠性是指高校在规定时间内、规定条件下规范、准确地完成博士生教育阶段的规定功能。从可靠性的定义可以得出并无法进行操作性测量，因而将可靠性进行操作性定义，认为可靠性是高校向博士生提供的课程教学服务、导师指导服务和学术交流服务的满足相关规定和博士生需要的程度。课程教学是课程内容、课程结构和教师授课方式的合理程度；导师指导是导师在指导过程中表现出的规范准确的程度；学术交流是指高校为博士生提供的国内外的交流学习机会的多少。

表3.9 教育服务领域的可靠性测量题项

Tab.3.9 The items of reliability in education servcie

作者（时间）	题项
Lampley(1999)	1.事务性的老师有礼貌地解决学生的问题。 2.教职工是可信的、可靠的和诚实的。 3.学习支持服务人员按照承诺提供服务。 4.财政援助办公室能够提供所承诺的服务。 5.大学的各项记录保持不出错。
Firdaus, A. (2006b)	1.教职员工遵守承诺提供各项服务。 2.为学生解决问题时表示出同情，并给予安慰。 3.教职员工是可以信赖的。 4.教职员工在规定时间内为学生提供承诺的服务
罗长富（2006）	1.教师授课时对教学内容进行精心准备的情况。 2.教师的课堂讲授方式有利于学生学习掌握知识的情况。 3.导师指导科研和论文的情况。 4.有水平高、结构好的师资队伍。
张广斌（2011）	1.课程内容的精深度。 2.课程内容的前沿性。

在综合Lampley（1999）[36]、Firdaus，A.（2006b）[33]、罗长富（2006）[24]和张广斌（2011）[135]等学者对可靠性测量的基础上，结合对博士生定性访谈的结果，本书最终确定博士生教育服务的可靠性测量采用多维度、5级李克特量表的测量方法，共包括12个题项，如表3.10所示。

表3.10　博士生教育服务质量可靠性的测量题项

Tab.3.10　The items of reliability in research

二级变量	三级变量	测量指标	来源
可靠性 Reliability	课程教学 (KC)	1.课程内容非常具有学科前沿性。	文献：罗长富（2006），张广斌（2011），Lampley(1999)，Firdaus,A.(2006b)，
		2.课程内容中知识的精深度非常强。	
		3.公共课、选修课和专业课的结构比例非常合理。	
		4.根据课程内容的需要教师总是采取多样化的授课形式。	
	导师指导 (DS)	5.导师经常询问论文进展情况，并给予指导。	
		6.导师非常重视引导我熟悉本学科或相关领域的基础理论知识和方法。	
		7.导师在指导学位论文、课题与实验等之前会做充分准备。	
		8.导师能帮助我解决研究中的大多数困惑。	
		9.导师对我的科研能力的提升帮助很大。	
	学术交流 (XS)	10.我参加1次及以上的境外高水平的国际学术会议、论坛和国际交流计划。	定性访谈结果
		11.我经常参加全国博士生学术论坛、全国学术会议等。	
		12.我经常参加校内博士生论坛、学术报告、学术沙龙等。	

（3）响应性质量（Responsiveness）

Cronin 和 Taylor（1992）认为响应性质量在高接触型服务中，对服务质量的影响最大[7]。他们认为响应性质量服务提供人员为顾客提供快速有效服务的自发性。已有研究表明，在服务中顾客的等待时长是影响感知服务质量的关键因素。在研究生教育服务中，罗长富（2006）也证实了响应性质量在研究生教育服务中尤为重要。他把响应性质量定义为研究生教育机构对学生需求的响应及提供服务的迅捷程度[24]。在这个定义中，他并没有对"响应"进行操作化处理。本书在已有定义的基础上，将响应性定义为高校在提供博士生教育服过程中，对博士生的各项需要和意见做出及时有效回应的能力和意愿的快捷程度。响应性是强调回应博士生需要的及时性和效果。及时性是高校为博士生提供教育服务时，及时回应博士生的各种需要的程度；有效性是高校对博士生的各种需要做出回应后博士生所感知到的满足自己需要的程度。表3.11总结了学者们对响应性的测量。

表3.11 教育服务领域响应性的测量题项

Tab.3.11 The items of responsiveness in education service

作者（时间）	题项
Peter F. Cuthbert, [136](1996)	1.老师们即使再忙也能第一时间回应学生的请求。 2.教职工总是愿意帮助学生。 3.教职工总是把学生的利益放在心上。 4.教职工为学生提供迅速且及时的服务。
LeBlanc & Nguyen(1997)	1.有变化能够及时通知学生。 2.注册及时且正确。 3.学校为学生能保持准确地记录。
林美杏（2012）	1.学生所期望的合情合理的学习方面要求得到迅速及时满足的情况。 2.学生所期望的合情合理的生活方面要求得到迅速及时满足的情况。 3.补习班的教师、管理人员、后勤服务人员总是乐意说明学生的情况。 4.补习班的教师、管理人员、后勤服务人员不论多忙都能及时回答学生请求的情况。
马万民（2004）	1.学生所期望的合情合理的学习、生活方面的要求能得到迅速及时满足的情况。 2.教职工总是乐意帮助学生的情况。 3.教职工无论多忙都能及时回答学生请求的情况。

综合表3.11中总结的学者对响应性的测量题项，并结合博士生定性访谈的结果，本书确定在博士生教育环境下响应性的测量采用多维度、5及李克特量表的测量方法，共包括7个题项（表3.12）。

表3.12　博士生教育服务质量响应性测量题项

Tab.3.12　The items of responsiveness in research

二级变量	三级变量	测量指标	文献来源
响应性 Responsiveness	及时性（JS）	1. 学校及时发布各种学术活动信息，有变更时快速通知我。 2. 课堂上遇到的问题教师总能作出迅速回应。 3. 我到行政部门办理事务时，行政人员再忙也及时回应我。 4. 学校提供维修等后勤服务时，等待时间较短。	文献：Peter F. Cuthbert（1999），LeBlanc & Nguyen(1997)，罗长富（2006），林美杏（2012），马万民（2004） 定性访谈结果
	有效性（YX）	5. 在学期间，学校提供的服务非常满足我的科研需要。 6. 行政人员为我提供服务时，极大程度的满足我当时的需要。 7. 后勤人员提供服务时，满足我的生活需要程度非常高。	

（4）保证性质量（Assurance）

目前，关于保证性的研究，无论是在变量的操作性定义还是在变量的测量上都存在着较大差异，大多数研究都以PZB的SERVQUAL量表为基础，结合研究背景和问题进行修正。表3.13对现有的教育服务领域中保证性的测量做了些总结，以供本书的题项设计参考。本次研究中将保证性定义为在为博士生提供各项教育服务过程中导师和其他教职工所表现出的态度友好和岗位胜任能力的高低，让博士生获得信心和安全感的程度。

态度友好是导师、教师和管理服务人员在教育服务传递过程中所表现出的友好程度。岗位胜任力是导师、教师和管理服务人员在各自的范围内掌握相对稳定和系统化的知识的程度。在综合：Lampley（1999）[36]、Barnes（2007）[137]、张宇青等（2014）[61]和罗长富（2006）[24]对保证性测量的基础上，结合定性访谈的结果，本书最终确定博士生教育服务环境中的保证性的测量采用多维度、5级李克特量表的测量方法，共包括7个题项（表3.14）。

表3.13 教育服务领域的保证性测量题项总结表

Tab.3.13 The items of assurance in education service

作者（时间）	题 项
Lampley(1999)	1.导师和其他学术指导老师提供适当的指导满足学位要求。 2.教职工始终有礼貌。 3.院系的老师有足够的知识回答学生的问题。 4.校园安全有保障。
Barnes(2007)	1.导师学术水平较高。 2.教授对待学生有礼貌。 3.教职工具备足够的知识与能力解答学生的困惑。 4.在这里学习和生活是安全可靠的。
张宇青等（2014）	1.教职工对学生热情的程度。 2.教师的教学科研水平。 3.教工的服务意识。 4.导师水平和学术能力。
罗长富（2006）	1.教职工的言行举止值得学生信赖的情况。 2.教职员工热情地对待学生的情况。 3.教职员工的服务意识。 4.教师的知识水平。 5.教师的职业道德。 6.导师科研业务能力和指导水平。 7.管理人员的业务水平。

表3.14 博士生教育服务质量保证性的测量题项

Tab.3.14 The items of assurance in research

二级变量	三级变量	测量指标	来源
保证性 Assurance	态度友好 (TD)	1.当我到行政职能部门办理事务时，老师非常积极地帮助我。 2.后勤部门的工作人员非常热情地对待我。 3.与导师沟通时，导师态度都非常好。	文献： Lampley(1999), Barnes(2007),张宇青等（2014），罗长富（2006） 定性访谈结果
	胜任能力 (SR)	4.行政部门的人员的业务能力较强，为博士生提供优质的服务（学位办、培养办、研工处等）。 5.导师的学术水平较高。 6.教师专业知识非常丰富，讲课水平很高。 7.后勤服务人员非常专业，为我的生活提供了很大的保障。	

（5）移情性质量（Empathy）

Firdaus Abdullah（2006）指出在高等教育环境下移情性质量是指大学为学生提供个性化的教育服务，并且能持续的关注并清楚了解学生特定的和不断增长的需要，教职员工会始终把学生的利益放在心上[33]。罗长富（2006）则把移情性质量定义为关心学生以及了解学生需求以提供个性化服务的程度[24]。张宇青（2014）等人认为移情性包括个性化指导、需求了解、与导师沟通、管理人员认知程度等要素[61]。孔祥沛（2011）则认为移情性质量就是指导师的对学生的关心和个性化指导的程度[147]。学者对移情性质量的定义虽存在一定的差异，但其共同点都强调把学生作为独立的个体看待，强调重视学生多样化需要，提供个性化的服务。因而本书将移情性质量定义为在提供各项博士生教育服务过程中，导师、其他教师和管理服务人员能设身处地站在博士生的角度理解和关心他们，为博士生提供人性化的服务的程度。移情性质量强调了对博士生的关心了解程度，教育服务提供人员的情感投入程度，以及相对于学生来说，服务人员的易接近性高低。

关心了解是指高校用实际行动去关心重视博士生需要的程度；可接近性是博士生在各项教育服务活动中表达个人意见机会的多少和和服务时间、设施的便利程度。由于定义之间的差异性，导致了学者们对移情性的测量题项的设计也存在不同，表3.15总结了部分学者对移情性的测量。

表3.15　教育服务领域移情性的测量题项

Tab. 3.15　The items of empathy in education service

作者（时间）	题 项
Ham CL(2003)	1.教职工对学生给予个别的关照。 2.教职工给予学生个别关注。 3.教职工了解学生的个性化需要。 4.教职工始终把学生的利益放在心上。 5.学校为学生提供了便利的服务时间。
Lampley(1999)	1.当学生需要时教师给予个别的关心。 2.院系的老师们始终关心学生的利益。 3.大学的行政老师以充满爱心的方式处理学生的问题。 4.大学电脑设备在学生方便的时间开放。 5.大学图书馆有方便的时间。

续表

作者（时间）	题 项
孔祥沛（2011）	1.我的导师是平易近人的。 2.导师会帮助我制定学习目标。 3.导师具有很高的专业水平。 4.导师具有很多科研课题。 5.导师具有充足的科研经费。 6.导师给予我经费资助。 7.导师定时关心我的学习情况。 8.我参与了导师的科研课题。
张宇青等（2014）	1.导师给予我个性化的指导。 2.导师和其他老师主动了解我的需要。 3.我与导师经常沟通。 4.管理人员对我的需要有较高的认知程度。

在综合Ham CL（2003）、Lampley（1999）、孔祥沛（2011）和张宇青等（2014）对移情性的测量基础上，结合博士生定性访谈的结果，本书最终确定移情性采用多维度、李克特5级量表的测量方法，共包括7个题项，如表3.16所示。

表3.16 博士生教育服务质量的移情性的测量题项

Tab. 3.16 The items of empathy in research

二级变量	三级变量	测量指标	文献来源
移情性 Empathy	关心了解 （GX）	1.院系经常主动关心了解学生们的学习和科研需求。 2.行政人员经常主动了解我的需求，为我提供个性化的服务（就业指导、公派留学、心理咨询、社会实践）。 3.学校主动关心了解学生们的生活需求，提供人性化的服务（地域性小吃窗口、食堂开放时间、自主选宿舍、饮水设施等）。	文献：Ham CL(2003)、Lampley(1999)、孔祥沛（2011）和张宇青等（2014）定性访谈结果
	可接近性 （KJ）	4.我经常参与学校的管理和政策制定的过程。 5.学校设有投诉与反馈平台，信息沟通非常流畅。 6.学校评选奖助学金过程非常公开透明。 7.食堂、宿舍和校园班车等总是考虑博士生的作息时间，提供便利。	

2.学生满意度的操作化定义与测量

学生满意度情况是教育服务质量的晴雨表,对学生满意度采用多维度测量能够更好了解学生满意的情况,对探究学生对博士生教育服务的主观评价情况具有重要的研究意义。本书在相关的满意度测量文献分析的基础上,认为博士生消费教育服务的过程既是认知的过程又是情感体验的过程。因而学生满意度分为情感和认知两个维度。

(1)学生情感满意度

博士生满意度主要形成于博士生在长时间多次参与的教育服务活动中累积起来的一种连续的状态和情感诉求,它既包含了认知成分,即期望与实绩的比较;也包括情感成分,即需要得到满足之后的高兴、欢喜等情绪反应。博士生满意度中的情感因素是博士生对教育服务消费经历的一系列情感反应。博士生满意度中的情感因素同顾客满意度中的消费情感从本质上讲是相同的。博士生在接受教育服务过程中,导师、教师及行政管理人员的态度、行为等会诱发博士生的情感反应,如高兴、生气等。本书将学生情感满意度定义为博士生在接受教育服务的真实瞬间产生的情感反应的强度。

Westbrook(1987)指出顾客的消费情感可以分为正面情感和负面情感。Schoefer & Ennew(2002)认为,顾客的正面情感可以通过高兴、舒畅、兴奋、自豪等情绪状态体现,顾客的负面情感则主要表现为失望、气愤、后悔和伤心等情绪状态[138]。关于消费情感的测量除了Westbrook等学者认为可以分为正负情感外,美国学者罗素(James A. Russell)认为情感可以分为"愉快—不愉快"和"激动—平静"两个维度,他把情感分为非常愉快的情感、非常不愉快的情感、激动的情感和平静的情感四类[139]。他认为消费情感是双极的概念,一端是非常愉快,另一端是非常不愉快,顾客在某一时刻的情感状态处于两极之间。这些学者对消费情感进行了不同维度的划分,但都在以Izard(1977)的情感量表为基础[140],用一些形容词来描述人的情感状态,如气愤、失望、烦恼、沮丧、快乐、轻松、愉悦、高兴等。同时,Izard(1982)年对情感进行分类的基础上,认为情感是间隔性的单极概念,与Westbrook等学者的观点一致,认为情感分为正面情感与负面情感,在计量消费情感时分别计量正负情感。

本书以Izard(1977)的情感量表和Russell(1974)的情感量表为量表库,依据Westbrook等学者的观点,认为博士生满意度中的情感因素属于多重属性的单极概念，在计量时分别从正面情感和负面情感进行计量，并从中抽取6个题项作为本书的博士生满意度的情感因素量表（表3.17）。

表3.17 博士生满意度的情感因素测量题项

Tab. 3.17 The items of satisfaction of doctoral students

1.通过接受博士生教育服务，增加了我的科研兴趣。
2.在接受博士生教育服务过程中，我总是感到非常愉快。
3.在这里攻读博士学位，我一直感到很自豪。
4.在接受博士生教育服务过程中，我经常感到很生气。
5.我从来没有向他人抱怨过学校的博士生教育服务情况。
6.对于学校提供的各项博士教育服务，我从来没有感到失望。

在表3.17中，测量题项1-3表示的是学生的正面情感，题项4-6是学生的负面情感。"科研兴趣很高、非常愉快、自豪、很生气、抱怨和失望"都在Izard（1977）的情感量表中有所表述，"非常愉快、很生气"在Russell（1980）的情感量表中有直接描述。本书秉承国内外研究消费情感学者的做法，直接从情感量表库中抽取了适合本次研究问题的题项作为学生情感满意度的测量题项。（Westbrook & Oliver[110]，1991；Westbrook，1980，1987；JJ Cronin & MK Brady[8]，2000；Wirtz & Bateson[141]，1999；Wirtz，Mattila & Tan[142]，2000；温碧燕等[143]，2004；胡子祥[32]，2006）。

（2）学生认知满意度

博士生满意度中的认知因素主要来自奥立弗的"期望—实绩模型"，该模型是顾客满意的众多认知模型中学术界引用最多的一个模型。Adee Athiyaman认为学生的感受和期望之间的差异决定了学生的满意程度。博士生认知满意度是博士生感知到的教育服务的实绩与之前的期望相比较后的一种性认知评价。本书将学生认知满意度定义为博士生对所接受的教育服务的实绩与期望进行比较而产生的主观判断其教育服务优劣的程度。一般会产生三种结果：一种是教育服务的绩效正好与博士生期望标准一致，则博士生产生适度满意；第二种是教育服务的绩效超过博士生的期望标准，则博士生感到非常满意；第三种是教育服务的绩效低于博士生的期望标准，博士生则感到不满意。本次研究中博士生满意度的认知因素的测量量表采用的是Oliver（1997）和Fornell等人（1996）[144]的研究中使用的量表，具体如表3.18所示，结合本书的问题，将两个研究中的量表进行修订,形成了博士生满意度认知因素的测量量表(表3.19)。

表3.18 基于认知成分的满意度测量题项

Tab. 3.18 The items of cognitive in satisfaction

1.通过接受博士生教育服务,增加了我的科研兴趣。
2.在接受博士生教育服务过程中,我总是感到非常愉快。
3.在这里攻读博士学位,我一直感到很自豪。
4.在接受博士生教育服务过程中,我经常感到很生气。
5.我从来没有向他人抱怨过学校的博士生教育服务情况。
6.对于学校提供的各项博士生教育服务,我从来没有感到失望。

表3.19 博士生认知因素满意度测量题项

Tab. 3.19 The items of cognitive in satisfaction of doctoral students

1.我选择在这所大学攻读博士学位是英明的抉择。
2.我认为所在大学提供的教育服务是比较合适的。
3.学校提供的各项教育服务比我预期的要好很多。
4.学校的博士生教育服务水平比我理想中的水平要高很多。
5.总体上,对接受的博士生教育服务我感到很满意。

3.4 本章小结

本章在第2章"博士生感知教育服务质量"的分析框架基础上,对博士生感知教育服务质量测量变量进行了提取。对学生感知的博士生教育服务质量的测量,从博士生教育服务质量自身析出的五维度及其各维度与学生满意度的关系两个方面进行。在博士生教育服务质量析出了有形性质量、可靠性质量、响应性质量、保证性质量和移情性质量五个维度。学生满意度析出了情感满意度和认知满意度两个维度。

第一,博士生感知教育服务质量变量中:可靠性质量是博士生教育服务质量中的核心维度,它包含了课程教学、导师指导、学术交流三个子维度。有形性质量是指博士生教育服务中有形载体的质量,它包括实体环境和信息展示两个子维度。响应性质量强调教职工的及时回应以及回应效果，它是由及时性和有效性两个子维度组成。保证性质量强调教职工让学生产生信任信赖的能力，它包括态度友好和胜任能力两个子维度。移情性强调教职工关心了解学生的程度，观测他们的情感投入度；它是由关心了解和可接近性两个子维度构成。通过论述，本章提出了博士生感知教育服务质量是由有形性、可靠性、响应性、保证性和移情性五个维度组成的假设，并在此基础上构建出博士生感知教育服务质量五维度模型。

第二，根据第2章中学生满意度作为衡量博士生教育服务质量一个重要标准的理论分析，析出了学生满意度由情感满意度和认知满意度两个维度构成。根据服务管理理论中感知服务质量的研究成果和ISO9000标准的核心思想，提出了博士生教育服务质量与学生满意度关系的假设，具体包括10个假设。在假设的基础上，提出了博士生教育服务质量与学生满意度关系的概念模型。

最后，通过对博士生教育服务质量中有形性、可靠性、响应性、保证性和移情性下的11个子维度，以及情感满意度和认知满意度分别进行了操作化定义。在国内外相关文献支撑的基础上开发设计了以51个题项为主要内容的测量问卷。问卷采用李克特5级量表的形式，对博士生进行测试。

4 博士生感知教育服务质量的实证研究

在概念模型和研究假设的基础上,根据国内外文献的研究思路和博士生访谈情况,设计问卷。在发放小样本问卷和回收数据后,对初始项目进行测试和修正。通过实证研究验证了各变量的假设,包括数据收集、数据描述、变量信度和效度检验、模型修正和确定。对相关研究假设进行了验证,并对实证研究的结果进行了分析和讨论。

4.1 预调查

预调查在大连理工大学共发放250份问卷,回收问卷221份,回收率为88%。其中有18份问卷存在答案一致或残缺等情况被确认为无效问卷,最终共有203份有效问卷,问卷的有效回收率为92%。调查问卷中均为大连理工大学的在校博士生。

4.1.1 初始测量量表的信度分析

设计问卷和量表均是通过被试者对客观现实的主观判断来完成。减少被试者主观因素的干扰是正式发放问卷前必须要做的一项工作。通过对问卷题项的检验,来删除一些不合理的题项。通常根据Cronbach's α系数对测量题项的信度进行分析,作为删除垃圾题项的依据。通过CITC和Cronbach's α系数来净化问卷需要满足以下条件:第一,必须保证某一变量全部题项的总Cronbach's α系数高于0.7,即保证问卷信度达到最低标准,表明问卷适合做探索性因子分析[145];第二,观察CITC值,如果此值小于0.5,则可对该题项进行删除;第三,如果删除某一题项后,α系数有所提高,则应确定删除该题项[146]。本文对影响博士生教育服务质量和学生满意度中的各个变量的测量题项进行纯化处理，从而进一步修正与净化问卷。

1. 博士生教育服务质量初始测量量表的信度分析

首先对自变量-博士生教育服务质量进行信度检验。博士生教育服务质量的各个维度既是五个独立性的维度，又是一个有机的整体，共同反映博士生教育服务质量。所以要对有形性维度、可靠性维度、响应性维度、保证性维度、移情性维度分别进行信度检验，同时也对整体量表的条款进行信度检验，检验结果如表4.1所示。

首先，从表4.1的结果可以看出，服务质量各维度的CITC值基本都大于0.5，而且整体α值为0.964，满足大于0.7的要求，说明内部一致性良好。有形性维度的Q2、Q4、Q5的CITC值分别为0.496、0.497、0.417，都小于0.5，故将此3个题项删除，删除后的α值分别为0.871、0.874、0.877。可靠性维度的Q13、Q23、Q24、Q26、Q27、Q28的CITC值分别是0.444、0.440、0.258、0.388、0.400、0.369，都小于0.5，故将此6个题项删除，删除后的α值分别是0.921、0.921、0.927、0.922、0.922、0.923。

表4.1 博士生教育服务质量五维度测量量表的信度分析

Tab. 4.1 Reliability test of scales of serveice quality in doctoral education

维度	测量条款	CITC	Alpha if Item Deleted	Cronbach's α	Total Cronbach's α
有形性	Q1	0.603	0.864		
	Q2	0.496	0.871		
	Q3	0.585	0.865		
	Q4	0.497	0.874		
	Q5	0.417	0.877	0.876（初）	0.964（初）
	Q6	0.577	0.865	0.879（终）	0.967（终）
	Q7	0.745	0.852		
	Q8	0.663	0.859		
	Q9	0.765	0.852		
	Q10	0.691	0.857		

续表

维度	测量条款	CITC	Alpha if Item Deleted	Cronbach's α	Total Cronbach's α
可靠性	Q11	0.594	0.918	0.922（初） 0.939（终）	0.964（初） 0.967（终）
	Q12	0.644	0.917		
	Q13	0.444	0.921		
	Q14	0.587	0.918		
	Q15	0.518	0.919		
	Q16	0.607	0.917		
	Q17	0.790	0.913		
	Q18	0.819	0.912		
	Q19	0.840	0.911		
	Q20	0.763	0.913		
	Q21	0.821	0.912		
	Q22	0.645	0.916		
	Q23	0.440	0.921		
	Q24	0.258	0.927		
	Q25	0.780	0.913		
	Q26	0.388	0.922		
	Q27	0.400	0.922		
	Q28	0.369	0.923		
	Q29	0.592	0.918		
响应性	Q30	0.441	0.830	0.837（初） 0.822（终）	
	Q31	0.531	0.822		
	Q32	0.647	0.811		
	Q33	0.592	0.814		
	Q34	0.446	0.832		
	Q35	0.399	0.836		
	Q36	0.608	0.816		
	Q37	0.681	0.804		
	Q38	0.630	0.810		

续表

维度	测量条款	CITC	Alpha if Item Deleted	Cronbach's α	Total Cronbach's α
保证性	Q39	0.616	0.790	0.821（初） 0.900（终）	0.964（初） 0.967（终）
	Q40	0.643	0.785		
	Q41	0.452	0.812		
	Q42	0.463	0.812		
	Q43	0.584	0.794		
	Q44	0.466	0.813		
	Q45	0.487	0.808		
	Q46	0.645	0.786		
移情性	Q47	0.589	0.799	0.824（初） 0.840（终）	
	Q48	0.264	0.837		
	Q49	0.578	0.800		
	Q50	0.556	0.803		
	Q51	0.624	0.795		
	Q52	0.561	0.802		
	Q53	0.663	0.790		
	Q54	0.559	0.802		
	Q55	0.357	0.824		

响应性维度的Q30、Q34、Q35的CITC值分别是0.441、0.446、0.399，都小于0.5，故考虑予以删除，删除后的α值分别为0.830、0.832、0.836，但删除后的整体α值是0.822，比初始α值低，说明不能通过删除题项来提高内部一致性，因而，此维度通过修改题项表述来提高内部一致性。保证性维度的Q41、Q42、Q44、Q45的CITC值分别是0.452、0.463、0.466、0.487，都小于0.5，故删除4个题项，删除后的α值分别是0.812、0.812、0.813、0.808。移情性维度Q48、Q55的CITC值分别是0.264、0.357，都小于0.5，故予以删除，删除后的α值分别是0.837、0.824。

有形性维度、可靠性维度、响应性维度、保证性维度、移情性维度的Cronbach's α系数分别是0.876、0.922、0.837、0.821、0.824，都大于0.7的条件，说明每个维度的内部一致性良好。

综上分析，按照CITC值大于0.5的条件共删除了15个题项，删除后的整体Cronbach's α值为0.967，大于0.964，说明通过删除题项获得了更好的内部一致性，能较好地反映服务质量的真实情况。

2. 学生满意度的信度分析

接着对因变量学生满意度量表进行信度分析。学生满意度变量既是含有两个独立性子维度，又是一个有机的整体，共同反映学生满意度。因此，要对情感满意度、认知满意度分别进行信度检验，同时也对整体量表的题项进行信度检验，检验结果如表4.2所示。

表4.2 学生满意度两维度测量量表的信度分析

Tab.4.2 Reliability test of scales of students satisfaction

维度	测量条款	CITC	Alpha if Item Deleted	Cronbach's α	Total Cronbach's α
情感	P1	0.723	0.586	0.729	0.890
	P2	0.774	0.553		
	P3	0.702	0.578		
	P4	0.577	0.863		
	P5	0.614	0.480		
	P6	0.725	0.573		
认知	P7	0.858	0.930	0.944	
	P8	0.844	0.932		
	P9	0.844	0.933		
	P10	0.840	0.933		
	P11	0.860	0.929		

首先，从表4.2中可以得出，学生满意度的情感维度的CITC值分别为0.723、0.774、0.702、0.577、0.614、0.725，都满足大于0.5的条件，而且整体α值为0.729，满足大于0.7的条件，说明内部一致性良好；并且删除题项后的α值分别为0.586、0.553、0.578、0.863、0.480、0.573，都小于0.729，不能通过删除某一题项来获得更好的内部一致性，满足研究要求。其次，学生满意度的认知维度的CITC值分别是0.858、0.844、0.844、0.840、0.860，都满足大于0.5的

条件，而且整体的α值为0.944，满足大于0.7的条件，说明内部一致性良好；并且删除题项后α值分别是0.930、0.932、0.933、0.933、0.929，都小于0.944，说明要想获得较好的内部一致性是不能通过删除某一个具体题项，来满足研究上的要求。

综合上述分析，学生满意度的整体α值为0.890，量表具有良好的内部一致性和较高的信度水平，能够很好的反应学生满意度的真实情况。

4.1.2 初始测量量表的探索性因子分析

应用α系数和CITC值法对初始量表的检验中，删除18项不合理题项，最终的量表由51个测量题项构成。为了识别数据的共有属性，需用SPSS软件对量表进行探索性因子分析。分析中采用KMO检验和Bartlett球体检验作为分析方法。KMO值要大于等于0.6，Bartlett球体检验的数值的伴随概率应当小于显著性水平；当某题项的因子负荷小于0.5时，说明该因子不能被解释，应该剔除。为了将特征值大于1的因子提取出来，本书采用主成分法并应用方差极大值法（varimax）对因子进行旋转[147]。信度分析后基本实现了测量题项的净化，接着对剩余的题项又进行主成分的分析，结果如表4.3所示。

表4.3 测量量表的KMO和Bartlett球体检验

Tab 4.3 KMO and Bartlett ball test result of measurement scale

统计量		统计值
KMO		0.935
Bartlett球体检验	卡方值	10175.387
	Df	1275
	Sig	.000

KMO值为0.935，Bartlett球体检验的统计值伴随概率为0.000，两项数值都满足研究要求，表明量表适合做因子分析。因子分析结果如表4.4所示。

从因子分析结果可知，服务质量的有形性维度的7个题项在因子1的载荷都高于0.5，可靠性维度的12测量题项在因子2上的负荷都高于0.5，响应性的7个测量题项在因子3上的负荷都在0.5以上，保证性的7个题项在因子4上的负荷都高于0.5，移情性的7个题项在因子5上的载荷都高于0.5；学生满意度的情感维的6个测量题项在因子6上的负荷高于0.5，认知维的5个测量题项在因子7上的负荷都高于0.5，上述测量题项在其余项的因子负荷都低于0.5的标准。

表4.4 测量量表的因子分析

Tab 4.4 Factor analysis of measurement scale

潜在变量	测量条款	成分						
		1	2	3	4	5	6	7
有形性	Q1	0.567						
	Q2	0.769						
	Q3	0.553						
	Q4	0.628						
	Q5	0.679						
	Q6	0.776						
	Q7	0.634						
可靠性	Q8		0.845					
	Q9		0.831					
	Q10		0.776					
	Q11		0.822					
	Q12		0.756					
	Q13		0.750					
	Q14		0.753					
	Q15		0.733					
	Q16		0.783					
	Q17		0.717					
	Q18		0.751					
	Q19		0.758					
响应性	Q20			0.764				
	Q21			0.744				
	Q22			0.750				
	Q23			0.774				
	Q24			0.689				
	Q25			0.772				
	Q26			0.779				

续表

潜在变量	测量条款	成分						
		1	2	3	4	5	6	7
保证性	Q27				0.713			
	Q28				0.775			
	Q29				0.823			
	Q30				0.679			
	Q31				0.761			
	Q32				0.684			
	Q33				0.735			
移情性	Q34					0.713		
	Q35					0.697		
	Q36					0.743		
	Q37					0.796		
	Q38					0.742		
	Q39					0.648		
	Q40					0.742		
情感	P1						0.788	
	P2						0.734	
	P3						0.743	
	P4						-0.739	
	P5						-0.759	
	P6						-0.773	
认知	P7							0.723
	P8							0.748
	P9							0.721
	P10							0.734
	P11							0.768

4.2 数据收集与样本描述

4.2.1 数据收集

本书以高校的博士生为对象。调研方式分为三种：第一种，借助调研者的人脉，通过电话预约，进行现场填写纸质问卷并回收的方式，该调查方式主要集中在辽宁与吉林地区使用；第二种，借助各高校研究生院的帮助，获取博士生的名录和联系方式，通过电子邮件发送电子版的问卷；第三种，通过问卷星的在线问卷调查网络平台制作网络版调查问卷，并通过社交软件（微博、微信、QQ群等）中的人脉关系网，以转发的方式发布问卷链接，直接获取数据。

表4.5　样本学校名单

Tab. 4.5 The sample list of universities

地区	城市	学校	性质	地区	城市	学校	性质
东部	北京	北京大学	综合院校	西部	成都	四川大学	综合院校
		清华大学	理工院校			电子科技大学	理工院校
	上海	同济大学	理工院校			西南交通大学	理工院校
		复旦大学	综合院校		重庆	西南大学	综合院校
		上海大学	综合院校		昆明	云南师范大学	师范院校
		上海理工大学	理工院校		西安	陕西师范大学	师范院校
	南京	南京大学	综合院校	东北	大连	大连理工大学	理工院校
		南京工业大学	理工院校			大连海事大学	理工院校
	镇江	江苏大学	综合院校			辽宁师范大学	师范院校
	厦门	厦门大学	综合院校		长春	东北师范大学	师范院校
	杭州	浙江理工大学	理工院校			吉林大学	综合院校
	青岛	中国海洋大学	综合院校		沈阳	东北大学	理工院校
		青岛科技大学	理工院校				
中部	武汉	武汉大学	综合院校				
		华中科技大学	理工院校				
	新乡	河南师范大学	师范院校				
	太原	太原理工大学	理工院校				
	淮南市	安徽理工大学	理工院校				

本次调研工作自2017年3月开始，至2017年7月结束。分别在不同地区的高校发放问卷，所选高校信息如表4.5所示。本次共发放1500份问卷，共回收1117份，回收率为74.47%。剔除掉填写有问题的问卷，共剩下1019份有效问卷，有效率为91.22%。有效问卷的数量满足Tinsley（1987）剔除的问卷的题项数量与测试样本的数量比例应保证在1：5至1：10的条件。正式问卷内容参见附录1。

4.2.2 样本描述

1. 样本信息

1019份有效问卷的填写人基本信息如表4.6所示。性别：男性受访学生占总数的68.52%，女性受访学生占总数的31.75%。硕士是否在本校就读：在本校就读的占66.78%，不在本校就读的占33.22%。年级：一年级占总数的15.67%，二年级占总数的22.04%，三年级占总数的31.84%，四年级占总数的22.77%，五年级级以上占总数的8.04%。学科门类：人文学科占总数的19.89%，理科占总数的18.96%，社会科学占总数的17.95%，工科占总数的43.2%。学校类型：985工程院校占总数的41.06%，211工程占总数的35.43%，普通高校占总数的23.51%。（见表4.6）

表4.6 调查样本基本信息（N=1019）

Tab.4.6 Basic information about the sample

	类别	样本量	百分比
性别	男	695	68.25%
	女	324	31.75%
是否在本校就读	是	650	63.79%
	否	369	36.21%
年级	一	174	17.08%
	二	238	23.36%
	三	317	31.11%
	四	209	20.51%
	五及以上	81	7.94%

续表

	类别	样本量	百分比
学科门类	人文科学	204	20.02%
	社会科学	196	19.23%
	理科	193	18.94%
	工科	426	41.81%
院校类型	985工程	422	41.41%
	211工程	383	37.58%
	普通院校	214	21.01%

2. 各变量的描述性统计

（1）总体状态的描述性统计

研究提出服务质量的11个因子，分别是实体环境、信息展示、课程教学、导师指导、学术交流、及时性、有效性、态度友好、胜任力、关心了解、可接近性；学生满意度的2个因子，分别是情感、认知。本书采用李克特的5级量表，对研究中涉及的13个变量的符合程度进行打分，非常不符合为最低分值：1分，非常符合为最高分值：5分。表4.7中所显示的是13个因子所涉及的测量题项的均值、以及总体均值。

表4.7 各因子测量题项的描述性统计

Tab.4.7 The descriptive statistics of measurement items of each factor

变量	测量题项	均值	总体均值	变量	测量题项	均值	总体均值
实体环境（ST）	Q1	3.18	3.34	课程教学（KC）	Q8	2.72	2.76
	Q2	3.45			Q9	2.79	
	Q3	3.33			Q10	2.81	
	Q4	3.38			Q11	2.70	
信息展示（XX）	Q5	3.24	3.29	学术交流（XS）	Q17	3.17	3.23
	Q6	3.30			Q18	3.22	
	Q7	3.32			Q19	3.31	
及时性（JS）	Q20	2.71	2.71	导师指导（DS）	Q12	3.53	3.58
	Q21	2.78			Q13	3.62	

续表

变量	测量题项	均值	总体均值	变量	测量题项	均值	总体均值
	Q22	2.66			Q14	3.59	
	Q23	2.72			Q15	3.57	
有效性	Q24	2.83	2.85		Q16	3.59	
（YX）	Q25	2.83		关心了解	Q34	2.58	2.59
	Q26	2.88		（GX）	Q35	2.58	
态度友好	Q27	3.40	3.53		Q36	2.61	
（TD）	Q28	3.45		可接近性	Q37	3.09	3.36
	Q29	3.74		（KJ）	Q38	3.37	
胜任力	Q30	3.47	3.59		Q39	3.56	
（SR）	Q31	3.71			Q40	3.43	
	Q32	3.66		情感	P1	3.33	2.99
	Q33	3.53		（QG）	P2	3.45	
认知	P7	3.46	3.51		P3	3.55	
（RZ）	P8	3.60			P4	2.43	
	P9	3.48			P5	2.53	
	P10	3.44			P6	2.63	
	P11	3.59					

博士生教育服务质量的总体状态见下表4.8所示。在有形性、可靠性、响应性、保证性和移情性五个变量均达到显著水平，显著性概率值$p<0.05$，说明它们之间具有显著性差异。在有形性维度上，实体环境与信息展示之间未达到显著水平，显著性概率值$p>0.05$，说明它们之间没有显著性差异。在可靠性维度上，课程教学、导师指导与学术交流之间的显著性概率值$p<0.05$，说明它们之间具有显著性差异。导师指导质量（M=3.579）和学术交流质量（M=3.234）都明显高于课程教学质量（M=2.757），而学术交流质量（M=3.234）低于导师指导质量（M=3.579）。在响应性维度上，及时性与有效性之间的显著性概率值$p<0.05$，表明它们之间存在显著性差异。有效性质量（M=2.849）高于及时性质量（M=2.718）。在保证性维度上，态度友好与胜任能力之间的显著性概率$p<0.05$，表明它们之间存在显著性差异。胜任能力质量（M=3.590）略高于态度

友好质量（M=3.527）。在移情性维度上，关心了解与可接近性之间的显著性概率值p<0.05，说明它们之间存在显著性差异。可接近性质量（M=3.362）显著高于关心了解质量（M=2.592）。

表4.8 博士生教育服务质量各维度描述性统计

Tab.4.8 The descriptive statistics of measurement dimensions of each factor

维度	特质	平均数 ± 标准差		F值	P值
有形性	实体环境	3.313 ± 0.902	3.334 ± 1.096	2.010	0.156
	信息展示		3.286 ± 1.120		
可靠性	课程教学	3.219 ± 0.615	2.757 ± 1.116	189.422	0.001
	导师指导		3.579 ± 1.062		
	学术交流		3.234 ± 1.160		
响应性	及时性	2.774 ± 0.782	2.718 ± 1.072	259.718 / 10.334	0.001 / 0.001
	有效性		2.849 ± 1.136		
保证性	态度友好	3.563 ± 0.881	3.527 ± 1.029	5.421	0.020
	胜任能力		3.590 ± 1.016		
移情性	关心了解	3.032 ± 0.754	2.592 ± 1.092	362.748	0.001
	可接近性		3.362 ± 1.067		

（2）人口统计学特征的描述性统计

采用独立样本t检验的方法，不同性别对博士生教育服务质量差异进行了检验。结果如表4.9所示。

不同性别博士生在教育服务质量的有形性、可靠性、保证性和移情性的差异比较表中可以发现，博士生性别变量在四个因变量检验的t统计量均未达到显著性水平，显著性概率值p均大于0.05，表示不同性别的博士生在有形性、可靠性、保证性与移情性的感知质量并没有显著性差异。但博士生性别变量在响应性变量的t统计量达到显著性水平，显著性概率值p小于0.05，表示不同性别的博士生在响应性的感知质量有显著不同，女性博士生所感知的响应性质量（M=2.962）显著高于男性博士生（M=2.80）。效果值0.009说明性别变量可以解释响应性变量总方差中的0.9%的变异量，即性别变量与响应性变量间为一种低度关联强度。

表4.9 不同性别博士生在不同维度的差异比较

Tab.4.9 Different gender diff doctoral student in different dimensions

维度	性别	个数	平均数	标准差	t值	p值	Eta平方
有形性	男	695	3.31	.902	1.411	.159	--
	女	324	3.22	.863			
可靠性	男	695	3.18	.629	-1.537	.125	--
	女	324	3.25	.692			
响应性	男	695	2.80	.770	-3.104	.002	.009
	女	324	2.96	.790			
保证性	男	695	3.53	.916	.104	.917	--
	女	324	3.53	.866			
移情性	男	695	2.98	.779	-.594	.522	--
	女	324	3.01	.778			

为了更为清晰地表示博士生教育服务质量各个特质在不同性别上的特点，我们对5个维度下的11个特质进行了性别的差异性检验（见表4.10），同样发现在实体环境、信息展示、导师指导、学术交流、态度友好、胜任力、关心了解与可接近性上，性别差异不显著，这进一步表明，不同性别的博士生对这些变量的质量感知趋于一致。博士生性别在3个特质上存在显著差异，显著水平分别为：课程教学$p<0.05$、及时性$p<0.05$和有效性$p<0.05$。女性博士生所感知的课程教学质量（M=2.89）高于男性博士生（M=2.72），女性博士生所感知的及时性质量（M=2.94）高于男性博士生（M=2.76），女性博士生感知的有效性质量（M=3.00）高于男性博士生（M=2.85）。同时，依据三个变量的效果值，性别变量分别与课程教学、及时性、有效性间为一种低度关联强度。

为了检验不同年级的博士生在教育服务质量各维度上是否存在显著差异，采用单变量方差分析的方法进行检验。结果如表4.11所示。

从不同年级博士生在教育服务质量不同维度上的差异比较表中可以发现，年级在有形性因变量检验的F值等于0.320，显著性p值=0.865>0.05，未达到显著水平，表示不同年级的博士生所感知的"有形性"质量没有显著差异。年级在可靠性因变量整体检验的F值等于3.731,显著性概率值p=0.005<0.05,达到统计显著水平。年级在响应性因变量整体检验的F值等于6.715,显著性概率值p=0.000<0.05,达到统计显著水平。年级在保证性因变量检验的F值等于1.177,显著性p值=0.319>0.05,未达到显著水平。年级在移情性因变量检验的F值等于0.320,显著性p值=0.865>0.05,未达到显著水平。

表4.10 不同性别博士生在不同特质的差异比较

Tab.4.10 Different gender diff doctoral student in different traits

检验变量	性别	个数	平均数	标准差	t值	P值	Eta平方
实体环境	男	695	3.32	1.120	1.112	.267	--
	女	324	3.24	1.038			
信息展示	男	695	3.30	1.116	1.209	.227	--
	女	324	3.20	1.118			
课程教学	男	695	2.72	1.097	-2.187	.029	.005
	女	324	2.89	1.119			
导师指导	男	695	3.53	1.085	-1.252	.211	--
	女	324	3.62	1.066			
学术交流	男	695	3.20	1.174	1.146	.252	--
	女	324	3.11	1.148			
及时性	男	695	2.76	1.084	-2.355	.019	.005
	女	324	2.94	1.082			
有效性	男	695	2.85	1.137	-1.960	.049	.004
	女	324	3.00	1.126			
态度友好	男	695	3.47	1.064	.164	.869	--
	女	324	3.46	1.011			
胜任力	男	695	3.58	1.039	.032	.975	--
	女	324	3.57	.974			
关心了解	男	695	2.59	1.099	-1.663	.097	--
	女	324	2.71	1.111			
可接近性	男	695	3.28	1.107	.530	.596	--
	女	324	3.24	1.047			

年级在可靠性和响应性两个因变量上，存在显著性差异，因而采用LSD法进行事后比较。在可靠性维度上，一年级与三年级、一年级与四年级、一年级与五及以上年级、二年级与四年级均存在显著性差异，而一年级与二年级、二年级与三年级、三年级与四年级、四年级与五及以上年级均不存在显著性差异。在响应性维度上，一年级与其他年级之间均存在显著性差异，其他年级之间并未达到显著性水平。

表4.11 不同年级博士生在教育服务质量的不同维度的差异比较

Tab.4.11 Different grade diff doctoral student in different dimensions

维度	年级	个数	均值	标准差	F值	P值
有形性	一年级	174	2.96	.829	.320	.865
	二年级	238	3.01	.805		
	三年级	317	3.02	.750		
	四年级	209	2.96	.784		
	五及以上	81	2.97	.691		
可靠性	一年级	174	3.34	.693	3.731	.005
	二年级	238	3.23	.644		
	三年级	317	3.20	.665		
	四年级	209	3.09	.575		
	五及以上	81	3.15	.633		
响应性	一年级	174	3.12	.833	6.715	.000
	二年级	238	2.82	.778		
	三年级	317	2.81	.759		
	四年级	209	2.75	.746		
	五及以上	81	2.76	.722		
保证性	一年级	174	3.62	.741	1.177	.319
	二年级	238	3.56	.911		
	三年级	317	3.51	.917		
	四年级	209	3.44	.946		
	五及以上	81	3.57	.985		
移情性	一年级	174	2.97	.829	.320	.865
	二年级	238	3.01	.805		
	三年级	317	3.02	.750		
	四年级	209	2.96	.784		
	五及以上	81	2.97	.691		

为了检验不同学科的博士生在教育服务质量各维度上是否存在显著差异，采用单变量方差分析的方法进行检验。结果如表4.12所示。

从不同学科的博士生在教育服务质量不同维度上的差异比较表中可以发现，学科在有形性因变量检验的F值等于20.767，显著性p值=0.000<0.001，达到统计显著水平，表示不同学科的博士生所感知的"有形性"质量存在显著差异。学科在可靠性因变量整体检验的F值等于8.462，显著性概率值p=0.000<0.001，达到统计显著水平。学科在响应性因变量整体检验的F值等于21.814，显著性概率值p=0.000<0.001，达到统计显著水平。学科在保证性因变量检验的F值等于14.450，显著性p值=0.000<0.001，达到统计显著水平。学科在移情性因变量检验的F值等于0.887，显著性p值=0.447>0.05，未达到显著水平。

表4.12　不同学科博士生在不同维度的差异比较

Tab.4.12 Different discipline diff doctoral student in different dimensions

维度	学科	个数	均值	标准差	F值	P值
有形性	人文学科	204	3.39	.831	20.767	.000
	理科	193	3.61	.861		
	社会科学	196	3.34	.808		
	工科	426	3.05	.907		
可靠性	人文学科	204	3.33	.772	8.462	.000
	理科	193	3.26	.575		
	社会科学	196	3.26	.674		
	工科	426	3.09	.587		
响应性	人文学科	204	3.02	.822	21.814	.000
	理科	193	2.53	.825		
	社会科学	196	3.08	.777		
	工科	426	2.81	.678		
保证性	人文学科	204	3.65	.859	14.450	.000
	理科	193	3.80	.765		
	社会科学	196	3.56	.916		
	工科	426	3.33	.927		
移情性	人文学科	204	2.99	.798	.887	.447
	理科	193	3.04	.642		
	社会科学	196	3.04	.805		
	工科	426	2.95	.812		

学科在有形性、可靠性、响应性、保证性四个因变量上，均存在显著性差异，因而采用LSD法和Tamehane法进行事后比较。在有形性维度上，人文学科与理科、人文学科与工科、理科与社会科学、理科与工科、社会科学与工科均存在显著性差异，而人文学科与社会科学均不存在显著性差异。在可靠性维度上，人文科学与工科、社会科学与工科、理科与工科均存在显著性差异，而人文科学与理科、人文科学与社会科学、社会科学与理科均不存在显著性差异。在响应性维度上，人文学科与理科、人文学科与工科、理科与社会科学、理科与工科、社会科学与工科均存在显著性差异，而人文学科与社会科学不存在显著性差异。在保证性维度上，人文学科与工科、理科与社会科学、理科与工科、社会科学与工科均存在显著差异，而人文学科与理科、人文学科与社会科学均不存在显著性差异。

表4.13 不同类型学校博士生在不同维度的差异比较

Tab.4.13 Different university diff doctoral student in different dimensions

维度	学校类型	个数	均值	标准差	F值	P值
有形性	985院校	422	3.83	.690	272.723	.000
	211院校	383	3.14	.614		
	普通院校	214	2.45	.919		
可靠性	985院校	422	3.35	.613	28.194	.000
	211院校	383	3.19	.700		
	普通院校	214	2.95	.540		
响应性	985院校	422	3.11	.548	51.604	.000
	211院校	383	2.93	.522		
	普通院校	214	2.58	.961		
保证性	985院校	422	3.91	.646	85.593	.000
	211院校	383	3.39	1.095		
	普通院校	214	3.04	.584		
移情性	985院校	422	3.07	.689	10.083	.000
	211院校	383	3.02	.661		
	普通院校	214	2.79	1.060		

为了检验不同类型学校的博士生在教育服务质量各维度上是否存在显著差异，采用单变量方差分析的方法进行检验。结果如表4.13所示。

从不同类型学校的博士生在教育服务质量不同维度上的差异比较表中可以发现，学校类型在有形性因变量检验的F值等于272.723，显著性p值=0.000<0.001，达到统计显著水平。学校类型在可靠性因变量整体检验的F值等于28.194，显著性概率值p=0.000<0.001，达到统计显著水平。学校类型在响应性因变量整体检验的F值等于51.604，显著性概率值p=0.000<0.001，达到统计显著水平。学校类型在保证性因变量检验的F值等于85.593，显著性p值=0.000<0.001，达到统计显著水平。学校类型在移情性因变量检验的F值等于10.083，显著性p值=0.000<0.001，达到统计显著水平。

学校类型在有形性、可靠性、响应性、保证性与移情性五个因变量上，均存在显著性差异，因而采用LSD法和Tamehane法进行事后比较。在有形性、可靠性、响应性与保证性四个变量上，985工程院校与211工程院校、985工程院校与普通院校、211工程院校与普通院校均存在显著性差异。在移情性变量上，985工程院校与普通院校、211工程院校与普通院校均存在显著性差异，而985工程院校与211工程院校不存在显著性差异。

4.3　信度与效度检验

4.3.1　信度检验

1.Cronbach's α系数检验

在一个变量中，多个计量指标的一致性程度叫做内部一致性检验。本书采用克隆巴赫α系数进行内部一致性检验。问卷的整体克隆巴赫α系数是0.862，13个变量的克隆巴赫α系数见表4.14。

表4.14 问卷的信度

Tab.4.14 The reliability of the questionnaire

变量名称	Cronbach's α 系数
实体环境（ST）	0.864
信息展示（XX）	0.838
课程教学（KC）	0.885
导师指导（DS）	0.901
学术交流（XS）	0.823
及时性（JS）	0.849
有效性（YX）	0.840
态度友好（TD）	0.776
胜任力（SR）	0.842
关心了解（GX）	0.829
可接近性（KJ）	0.851
情感满意度（QG）	0.842
认知满意度（RZ）	0.903

从表中可以看出，13个变量的克隆巴赫α系数都超过了0.7，在统计学意义上具有较好的信度。但是，克隆巴赫α系数是没有办法对具体测量提醒的误差进行观测，而且它也不承认测量题项误差之间存在相关性。所以需要运用验证性因子分析进行检验。

2.组合信度检验

组合信度主要用于检验测量结果的一致性程度。主要从测量题项的信度系数和潜在构念的组合信度两方面来判别。一般情况下，组合信度值在0.6-0.7之间表明测量模型的信度可以接受，若在0.7以上，则表明测量模型的信度良好。从表4.15和4.16中可以看出，所有潜在构念的组合信度均在0.7以上，说明本次研究数据具有良好一致性，可以为后续的分析奠定了基础。

表4.15 博士生教育服务质量潜在构念的组合信度

Tab.4.15 The construct reliability of potential combination of service quality

潜在构念	测量题项	标准化载荷系数	测量误差	组合信度
实体环境	Q1	0.819	0.126	0.910
	Q2	0.903	0.239	
	Q3	0.859	0.246	
	Q4	0.803	0.207	
信息展示	Q5	0.707	0.271	0.846
	Q6	0.849	0.294	
	Q7	0.851	0.487	
课程教学	Q8	0.859	0.280	0.909
	Q9	0.785	0.191	
	Q10	0.832	0.244	
	Q11	0.900	0.256	
导师指导	Q12	0.842	0.125	0.918
	Q13	0.870	0.203	
	Q14	0.902	0.164	
	Q15	0.715	0.246	
	Q16	0.823	0.258	
学术交流	Q17	0.859	0.387	0.864
	Q18	0.704	0.256	
	Q19	0.902	0.244	
及时性	Q20	0.735	0.342	0.894
	Q21	0.843	0.235	
	Q22	0.903	0.209	
	Q23	0.807	0.337	
有效性	Q24	0.852	0.456	0.865
	Q25	0.716	0.214	
	Q26	0.901	0.223	

续表

潜在构念	测量题项	标准化载荷系数	测量误差	组合信度
态度友好	Q27	0.747	0.245	0.872
	Q28	0.877	0.214	
	Q29	0.872	0.453	
胜任力	Q30	0.882	0.207	0.908
	Q31	0.761	0.189	
	Q32	0.870	0.241	
	Q33	0.857	0.156	
关心了解	Q34	0.761	0.223	0.873
	Q35	0.872	0.478	
	Q36	0.867	0.321	
可接近性	Q37	0.883	0.342	0.886
	Q38	0.749	0.431	
	Q39	0.856	0.267	
	Q40	0.757	0.335	

表4.16 学生满意度潜在构念的组合信度

Tab.4.16 The construct reliability of potential combination of students satisfaction

潜在构念	测量题项	标准化载荷系数	测量误差	组合信度
情感满意度	P1	0.823	0.187	0.921
	P2	0.803	0.196	
	P3	0.903	0.207	
	P4	0.817	0.227	
	P5	0.814	0.179	
	P6	0.706	0.198	
认知满意度	P7	0.805	0.192	0.917
	P8	0.823	0.205	
	P9	0.754	0.221	
	P10	0.903	0.231	
	P11	0.856	0.189	

4.3.2 效度检验

效度检验是解释指标对变量反应的程度,本书采用SPSS软件的探索性因子分析方法对量表进行检验,还需对各题项进行收敛效度检验,如其标准化因子负荷与潜变量的平均方差抽取量(AVE)大于0.5,则说明量表的收敛效度较好[148]。探索性因子分析对结构方程效度检验提供了非充分但必要的信息,倾向于对统计数据的评价[149]。

表4.17 各变量模型的拟和指标

Tab. 4.17 The fit index of variable models

标准 模型	X^2/df	RMSEA	GFI	AGFI	NFI	CFI
	1~3	<0.08	>0.9	>0.9	>0.9	>0.9
服务质量	1.353	0.034	0.934	0.902	0.911	0.978
满意度	2.514	0.058	0.965	0.937	0.950	0.913

而验证性因子分析既具有逻辑性与操作性,又通过对调查数据的验证评价模型的可接受程度,所以验证性因子分析对于参数的评估与假设的验证具有重要意义[150]。本文采用AMOS软件对量表进行验证性因子分析,主要考察x2/df,RMSEA,GFI以及AGFI等四个指标,如表4.17。

本书提出的博士生教育服务质量是复杂概念,由有形性、可靠性、响应性、保证性和移情性五个既独立又相关的一级变量构成,由实体环境、信息展示、课程教学等11个既独立又相关的二级变量构成。为了对博士生教育服务质量研究的科学性,要进一步验证各个因子之间的逻辑关系。因此,需要进行一阶和高阶因子分析。首先,结合本书对博士生教育服务质量的定义,再根据一阶因子分析的结论,构建出博士生教育服务质量的高阶因子模型。运用AMOS软件绘制的因子关系图如下:

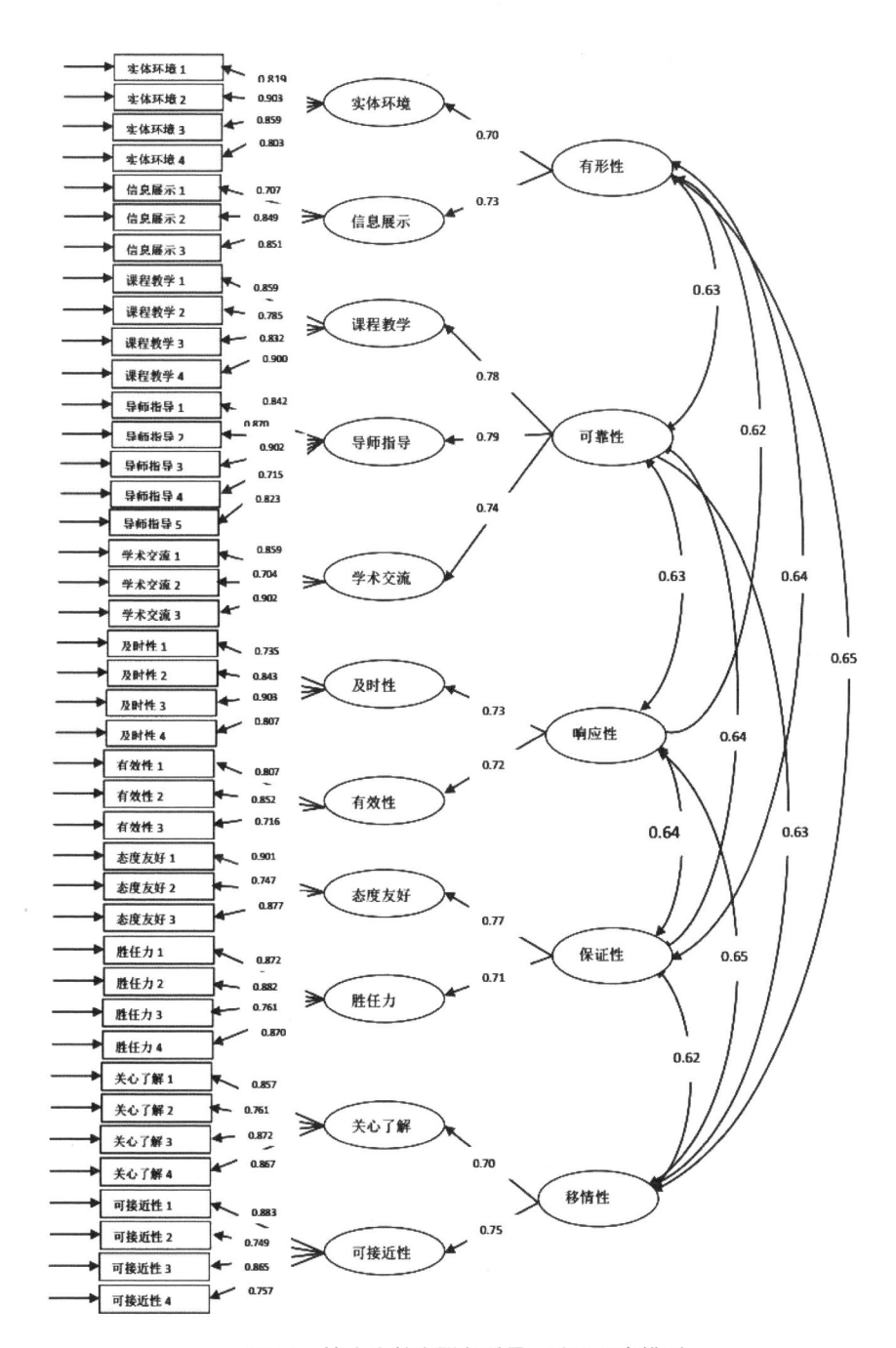

图4.1 博士生教育服务质量二阶11因素模型

Fig.4.1 Doctoral education service quality second-order 11 factors model

经过分析发现，概率P值均在显著水平0.05以下，说明各个因子可以表示博士生教育服务质量。各项指标也都达到了拟合的标准，博士生教育服务质量的高阶因子模型与调查问卷契合度较好。

1. 收敛效度

表4.18 博士生教育服务质量收敛效度检验

Tab.4.18　The convergent validity of service quality

潜在构念	测量题项	标准化载荷系数	测量误差	组合信度	平均方差抽取量
实体环境	Q1	0.819	0.126	0.910	0.717
	Q2	0.903	0.239		
	Q3	0.859	0.246		
	Q4	0.803	0.207		
信息展示	Q5	0.707	0.271	0.846	0.648
	Q6	0.849	0.294		
	Q7	0.851	0.487		
课程教学	Q8	0.859	0.280	0.909	0.714
	Q9	0.785	0.191		
	Q10	0.832	0.244		
	Q11	0.900	0.256		
导师指导	Q12	0.842	0.125	0.918	0.694
	Q13	0.870	0.203		
	Q14	0.902	0.164		
	Q15	0.715	0.246		
	Q16	0.823	0.258		
学术交流	Q17	0.859	0.387	0.864	0.682
	Q18	0.704	0.256		
	Q19	0.902	0.244		
及时性	Q20	0.735	0.342	0.894	0.679
	Q21	0.843	0.235		
	Q22	0.903	0.209		
	Q23	0.807	0.337		

续表

潜在构念	测量题项	标准化载荷系数	测量误差	组合信度	平均方差抽取量
有效性	Q24	0.852	0.456	0.865	0.684
	Q25	0.716	0.214		
	Q26	0.901	0.223		
态度友好	Q27	0.747	0.245	0.872	0.696
	Q28	0.877	0.214		
	Q29	0.872	0.453		
胜任力	Q30	0.882	0.207	0.908	0.712
	Q31	0.761	0.189		
	Q32	0.870	0.241		
	Q33	0.857	0.156		
关心了解	Q34	0.761	0.223	0.873	0.697
	Q35	0.872	0.478		
	Q36	0.867	0.321		
可接近性	Q37	0.883	0.342	0.886	0.662
	Q38	0.749	0.431		
	Q39	0.856	0.267		
	Q40	0.757	0.335		

收敛效度又称之为聚敛效度和聚合效度，在验证性因子分析中，同一潜在构念的测量题项应位于相同的因子层面中，即测量题项对于潜在构念的因子负荷量应该较高，且同一构念下，各测量题项会高度的相关。因此，潜在构念的测量题项间相关性越高以及测量提醒在潜在构念中同构性越大，则收敛效度越好。在模型中，通过三个方面对收敛效度进行检验，分别是观测因子负荷量，平均方差抽取量和组合信度，见表4.18和4.19。

表4.19 学生满意度收敛效度检验
Tab.4.19 The convergent validity of students satisfaction

潜在构念	测量题项	标准化载荷系数	测量误差	组合信度	平均方差抽取量
情感满意度	P1	0.823	0.187	0.921	0.661
	P2	0.803	0.196		
	P3	0.903	0.207		
	P4	0.817	0.227		
	P5	0.814	0.179		
	P6	0.706	0.198		
认知满意度	P7	0.805	0.192	0.917	0.688
	P8	0.823	0.205		
	P9	0.754	0.221		
	P10	0.903	0.231		
	P11	0.856	0.189		

因子负荷量的标准化路径系数应高于0.70，平均方差抽取量以0.5为临界值，若低于临界值表示潜在构念的解释能力低于误差项的解释能力。组合信度的临界值为0.6，如果达到了0.7以上说明数据质量较好。根据收敛效度检验结果可知，首先本书中所有测量的因子负荷量均高于0.70，说明潜在构念对测量变量的解释能力较强。其次，平均方差抽取量AVE也全部高于临界值0.5，而且组合信度都在最优标准0.70以上。因此研究数据的收敛效度良好，而且测量题项均有效的反映了其对应的潜在构念。

2. 判别效度检验

收敛效度体现了潜在构念的共同性，而判别效度则反映了潜在构念间的差异性。本次研究采用两个潜在构念的个别平均方差抽取值与这两个构念间的相关系数，如两个平均方差抽取值大于相关系数的平方，则认定两个构念间具有较好的判别效度。检验标准有两条，首先，平均方差抽取值大于0.5，其次，任意两个潜在构念的平均方差抽取值均大于其相关系数的平方[151]。表4.19和表4.20，最右边一栏数字为平均方差抽取值，左半部分三角形内数值为11个变量和2个变量的相关系数，对角线上的数字为平均方差抽取值的平方根值。

表4.20 博士生教育服务质量各因子相关系数及AVE矩阵表

Tab.4.20 The correlation coefficient and AVE matrix of the poltential construct

	ST	XX	KC	DS	XS	JS	YX	TD	SR	GX	KJ	AVE
ST	0.847	0.318	-0.031	0.609	0.908	-0.257	0.080	0.522	0.554	-0.265	0.434	0.717
XX	0.318	0.805	-0.274	0.241	0.467	0.132	-0.296	0.149	0.206	0.041	0.167	0.648
KC	-0.031	-0.274	0.845	0.074	-0.190	0.109	0.586	0.155	-0.019	0.309	0.007	0.714
DS	0.609	0.241	0.074	0.833	-0.093	-0.196	0.088	0.452	0.683	-0.328	0.298	0.694
XS	0.098	0.467	-0.190	-0.093	0.826	-0.015	-0.319	0.128	-0.117	0.156	0.258	0.682
JS	-0.257	0.132	0.109	-0.196	-0.015	0.824	-0.001	-0.481	-0.203	0.470	-0.403	0.679
YX	0.080	-0.296	0.586	0.088	-0.319	-0.001	0.827	0.425	0.084	0.238	0.143	0.684
TD	0.522	0.149	0.155	0.452	0.128	-0.481	0.425	0.834	0.480	-0.184	0.549	0.696
SR	0.554	0.206	-0.019	0.683	-0.117	-0.203	0.084	0.480	0.844	-0.436	0.329	0.712
GX	-0.265	0.041	0.309	-0.328	0.156	0.470	0.238	-0.184	-0.436	0.835	-0.038	0.697
KJ	0.434	0.167	0.007	0.298	0.258	-0.403	0.143	0.549	0.329	-0.038	0.813	0.662

注：对角线上显示的是AVE的平方根值

检验结果见表4.21，本书中的所有潜在构念间相关系数的平方都低于其自身的AVE值，因此本书的数据具有良好的判别效度。

表4.21 学生满意度各因子相关系数及AVE矩阵表

Tab.4.21 The correlation coefficient and AVE matrix of the po1tential construct

	QG	RZ	AVE
QG	0.813	0.119	0.661
RZ	0.119	0.830	0.688

4.4 模型修订与确定

4.4.1 基于相关性分析的假设检验

为有效获得问卷的结构效度，首先需要对问卷进行探索性因子分析。通过主成分分析法，对13个变量析出主成分，并计算主成分的综合得分，作为原变量组的代表与其他变量组进行相关分析。各变量主成分分析见表4.22。

表4.22 各变量主成分析出表

Tab.4.22 The principal component of each variable

变量	主成分提取因子个数	累计贡献率
实体环境	1	77.166%
信息展示	1	73.019%
课程教学	1	71.786%
导师指导	1	83.257%
学术交流	1	73.290%
及时性	1	72.167%
有效性	1	71.948%
态度友好	1	68.448%
胜任力	1	72.478%
关心了解	1	78.520%
可接近性	1	71.476%
情感满意度	1	66.868%
认知满意度	1	71.985%

通过探索性因子分析，可得到本次问卷的13个变量的结构效度，如表4.23所示，其中每个变量的测量题项的因子载荷超过了0.5，KMO值均在0.7以上，且各变量都达到了统计学意义上的显著性，可解释方差达到了60%以上，因此，表明本问卷具有较好的研究可行性。

表4.23 问卷的KMO与可解释方差

Tab. 4.23 The KMO and the explain variance of the questionnaire

变量	测量题项	因子载荷	KMO值	Bartlett检验	可解释方差
实体环境	Q1	.761	.928	.000	77.166%
	Q2	.722			
	Q3	.724			
	Q4	.714			
信息展示	Q5	.793			73.091%
	Q6	.800			
	Q7	.792			
课程教学	Q8	.853			71.786%
	Q9	.851			
	Q10	.785			
	Q11	.831			
导师指导	Q12	.826	.		83.257%
	Q13	.789			
	Q14	.776			
	Q15	.786			
	Q16	.826			
学术交流	Q17	.799	.		73.290%
	Q18	.811			
	Q19	.805			
及时性	Q20	.808			72.167%
	Q21	.804			
	Q22	.709			
	Q23	.773			

续表

变量	测量题项	因子载荷	KMO值	Bartlett检验	可解释方差
有效性	Q24	.732			71.948%
	Q25	.715			
	Q26	.691			
态度友好	Q27	.530			68.448%
	Q28	.527			
	Q29	.528			
胜任力	Q30	.712			72.478%
	Q31	.507			
	Q32	.526			
	Q33	.718			
关心了解	Q34	.718			78.520%
	Q35	.752			
	Q36	.710			
可接近性	Q37	.788			71.476%
	Q38	.763			
	Q39	.737			
	Q40	.785			
情感满意度	P1	0.773	.953		66.868%
	P2	0.708			
	P3	0.741			
	P4	-0.697			
	P5	-0.734			
	P6	-0.722			
认知满意度	P7	0.753			71.985%
	P8	0.777			
	P9	0.739			
	P10	0.759			
	P11	0.790			

表4.24 基于相关性的假设检验结果

Tab. 4.24 The results of hypothesis testing of the correlation

假设	相关关系	显著性P	相关系数
H1	情感满意度←有形性	显著***	0.533（P<0.001）
H2	情感满意度←可靠性	显著***	0.401（P<0.001）
H3	情感满意度←响应性	显著***	0.432（P<0.001）
H4	情感满意度←保证性	显著**	0.557（P<0.001）
H5	情感满意度←移情性	显著***	0.346（P<0.001）
H6	认知满意度←有形性	显著***	0.452（P<0.001）
H7	认知满意度←可靠性	显著***	0.387（P<0.001）
H8	认知满意度←响应性	显著***	0.468（P<0.001）
H9	认知满意度←保证性	显著***	0.396（P<0.001）
H10	认知满意度←移情性	显著***	0.478（P<0.001）

基于相关性的假设检验结果如表4.24所示。尽管利用相关分析实现了研究假设的初步验证，但相关分析不能体现潜在构念间的因果关系及方向，因此还需要借助结构方程模型进一步验证因子分析。

4.4.2 基于结构方程模型的假设检验

研究中建立了博士生教育服务质量与学生满意度的结构方程模型，该模型可分解为两个结构方程模型，分别如图4.2和图4.4所示。

1.博士生教育服务质量与学生情感满意度的关系分析

（1）模型的初步拟合

根据本书第三章提出的博士生教育服务质量各维度与学生情感满意度的关系的研究假设，构建如图4.2所示的结构方程模型。利用AMOS软件对关系进行分析，拟合结果如表4.25所示。所有路径系数的C.R.值大于参考值1.96，并且在P<0.05的水平上具有统计显著性。另外，从表4.26的拟合度分析中可以看出，X2/df为3.345，没有超过5的标准值，RMSEA值为0.090，超出了临界值0.08；GFI值为0.843，AGFI的值为0.807，NFI值为0.854，CFI值为0.892，IFI值为

0.893，GFI、AGFI、NFI、CFI、IFI皆不符合大于0.9的标准，表明该模型整体适配度存在问题，需要进一步修正。

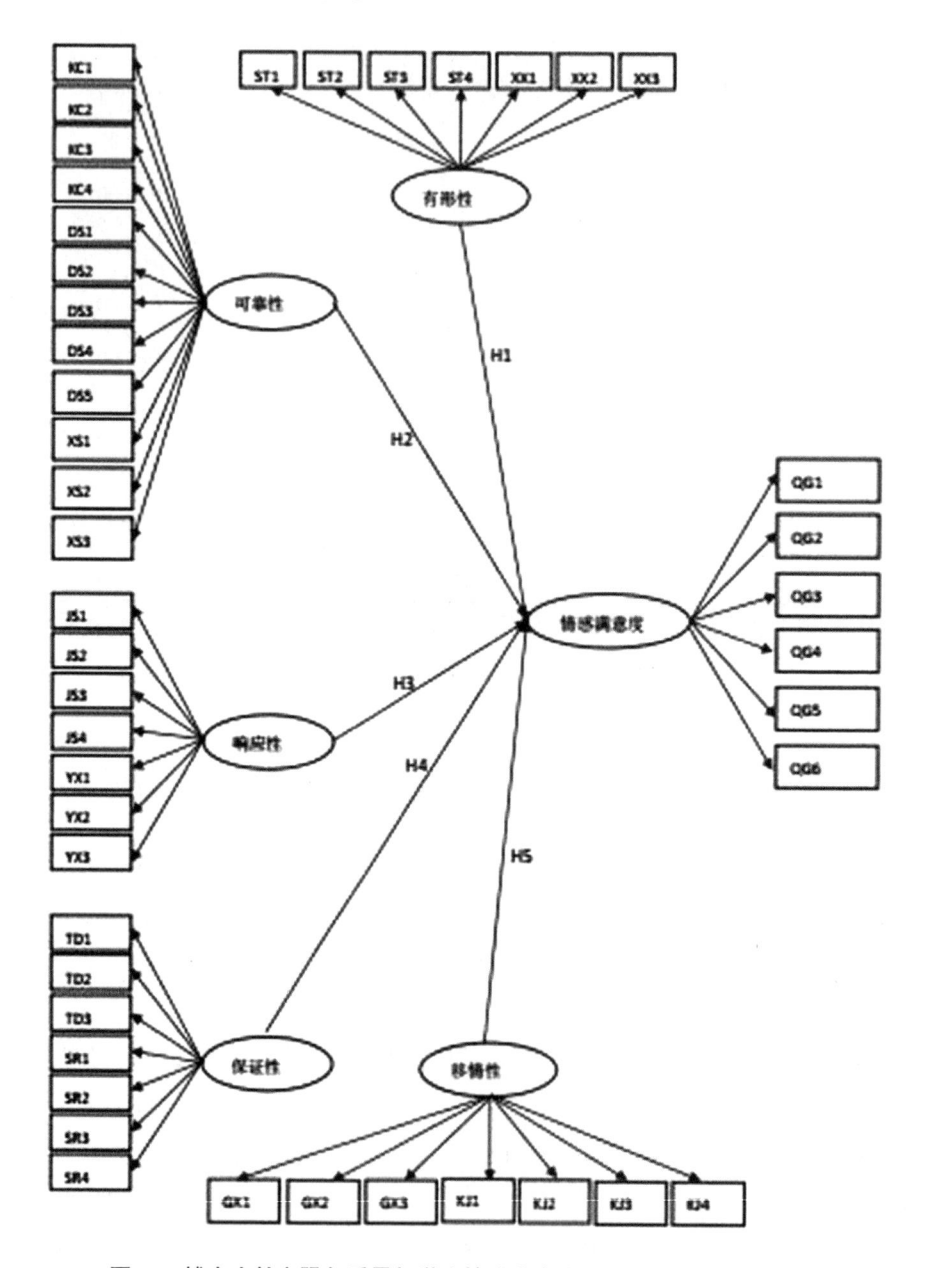

图4.2　博士生教育服务质量与学生情感满意度关系初始结构方程模型

Fig.4.2　The model of structural equation between service quality and students emotional satisfaction

表4.25 博士生教育服务质量与学生情感满意度关系结构方程拟合结果

Tab.4.25 The fitting results of the structural equation

模型	路径	假设	标准化系数	S.E.	C.R.	P
模型1	情感满意度←有形性	H1	0.241	0.074	3.648	***
	情感满意度←可靠性	H2	0.231	0.080	3.170	0.002
	情感满意度←响应性	H3	0.169	0.104	2.453	0.018
	情感满意度←保证性	H4	0.310	0.106	3.466	***
	情感满意度←移情性	H5	0.247	0.045	3.030	0.002

表4.26 博士生教育服务质量与学生情感满意度关系拟合度分析

Tab.4.26 Fitting analysis of the structural equation

	X2/df	GFI	AGFI	NFI	CFI	IFI	RMSEA
模型1	3.345	0.843	0.807	0.854	0.892	0.893	0.090

（2）模型修正与确定

通过模型的修正来改善未拟合成功的初始模型。根据AMOS产生的修正指标，增加e2和e5、e6和e7、e39和e40的残差间协方差关系，修正后的关系如图4.3。修正后博士生教育服务质量与学生情感满意度关系结构方程拟合结果如表4.27所示。从表4.28可以看出，经过修正后模型其拟合结果良好，拟合度指标X2/df、GFI、AGFI、NFI、CFI、IFI、RMSEA等指标都所有改进，实现修正效果。

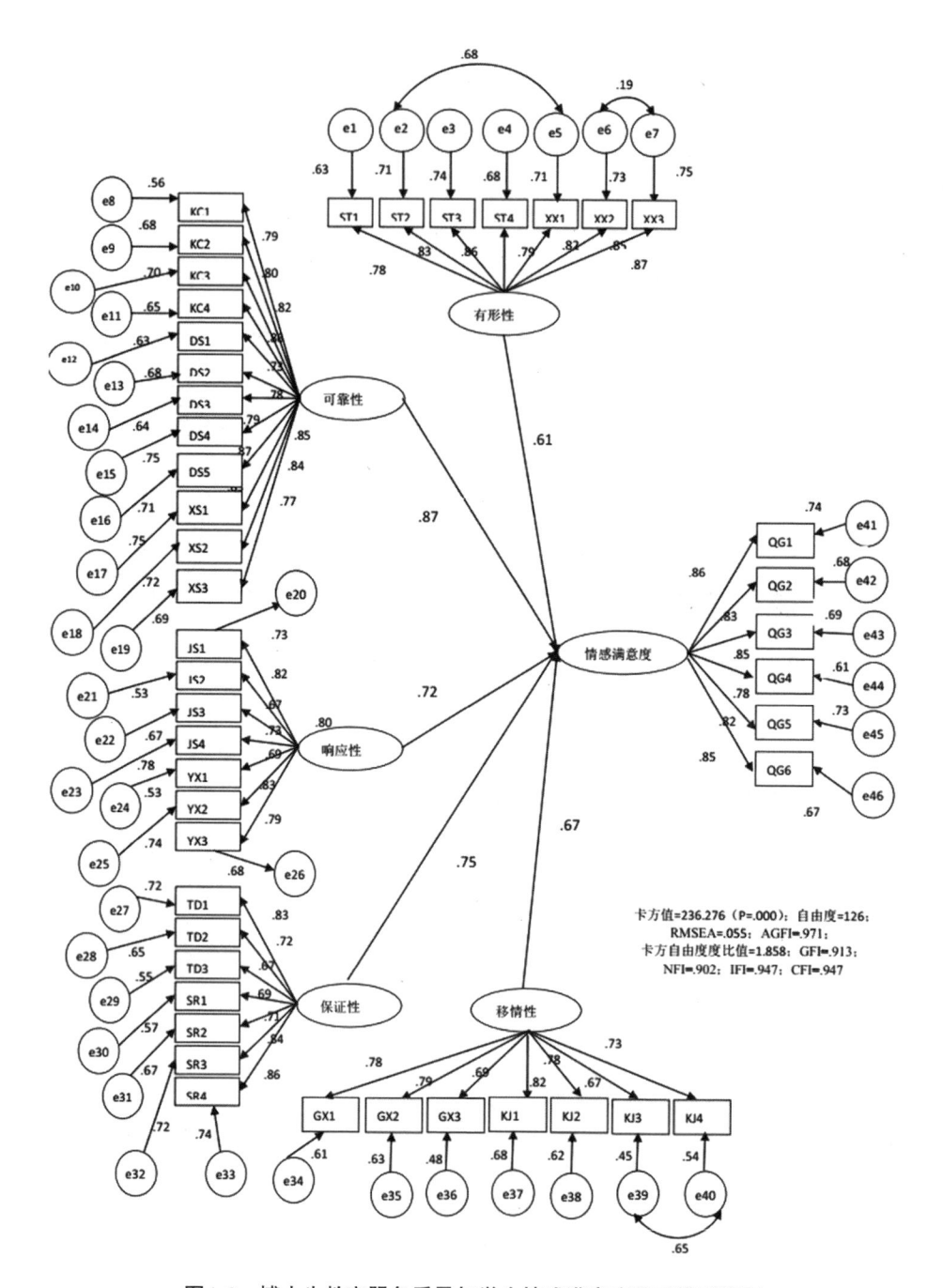

图4.3　博士生教育服务质量与学生情感满意度关系模型修正

Fig.4.3　The fitting figure of the revised structure model

表4.27 修正后博士生教育服务质量与学生情感满意度关系结构方程拟合结果

Tab.4.27　The revised of structure model of fitting results

模型	路径	假设	标准化系数	S.E.	C.R.	P
模型1	情感满意度←有形性	H1	0.61	0.065	3.357	***
	情感满意度←可靠性	H2	0.87	0.089	3.014	0.001
	情感满意度←响应性	H3	0.72	0.109	2.459	0.017
	情感满意度←保证性	H4	0.75	0.069	3.769	***
	情感满意度←移情性	H5	0.67	0.055	3.589	***

注：***代表P<0.001，**代表P<0.01，*代表P<0.05

表4.28 修正后博士生教育服务质量与学生情感满意度关系拟合度分析

Tab.4.28　The revised of fitting analysis of the structural equation

	X2/df	GFI	AGFI	NFI	CFI	IFI	RMSEA
模型1	1.858	0.913	0.971	0.902	0.947	0.947	0.055

2.博士生教育服务质量与学生认知满意度的关系分析

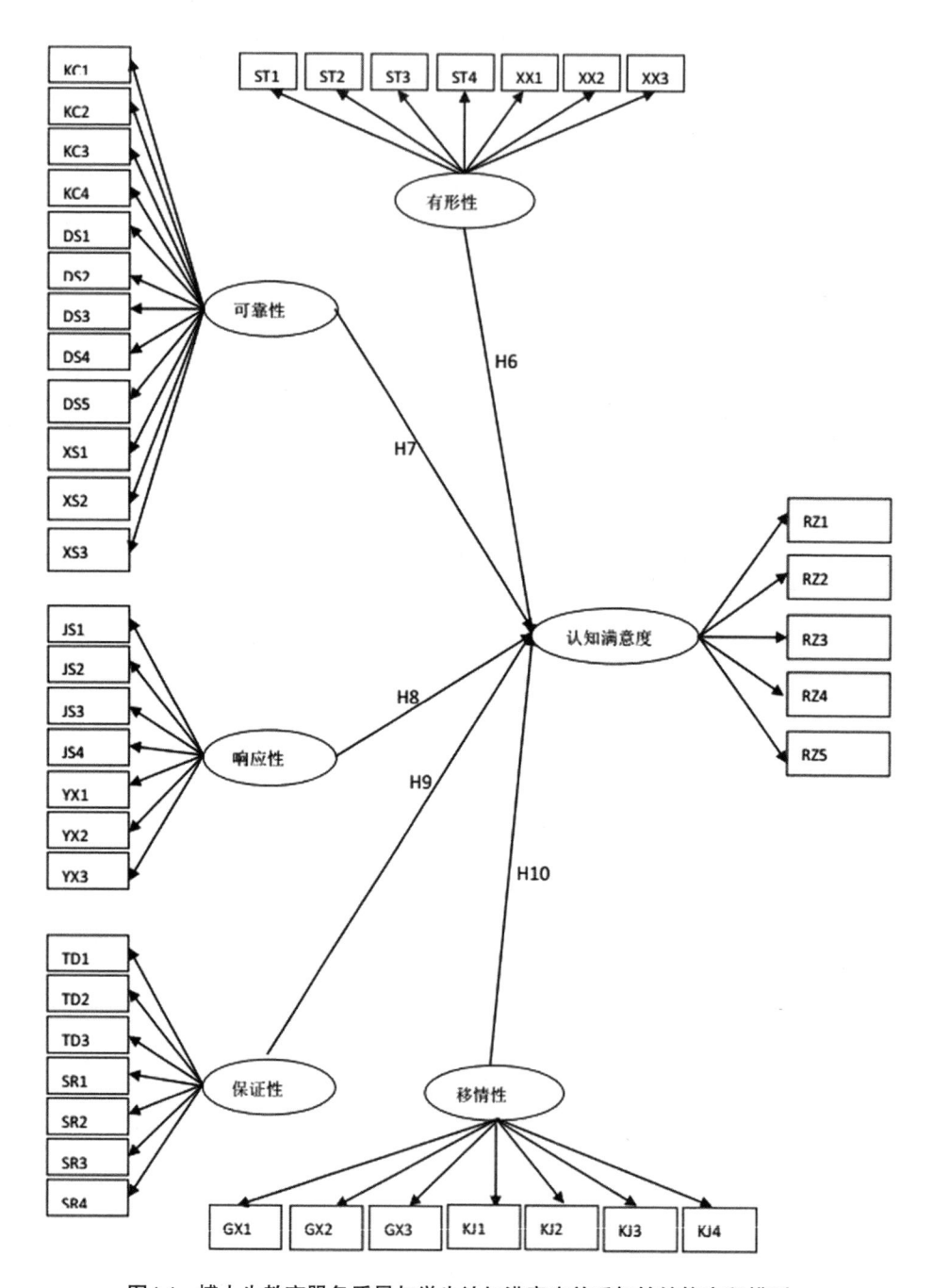

图4.4　博士生教育服务质量与学生认知满意度关系初始结构方程模型

Fig.4.4　The model of structural equation between service quality and students cognitive satisfaction

（1）模型的初步拟合

根据本书第三章提出的博士生教育服务质量各维度与学生认知满意度关系的研究假设，构建如图4.4所示的结构方程模型。利用AMOS软件对各对关系进行分析，拟合结果如表4.29所示。除路径"认知满意度响应性"（假设8）外，所有路径系数的C.R.值大于参考值1.96，并且在P<0.05的水平上具有统计显著性。另外，从表4.30的拟合度分析中可以看出，X2/df为3.503，没有超过5的标准值，RMSEA值为0.093，超出了临界值0.08；GFI值为0.852，AGFI的值为0.810，NFI值为0.821，CFI值为0.862，IFI值为0.863，GFI、AGFI、NFI、CFI、IFI皆不符合大于0.9的标准，表明该模型整体适配度存在问题，需要进一步修正。

表4.29 博士生教育服务质量与学生认知满意度关系结构方程拟合结果

Tab.4.29 The revised of structure model of fitting results

模型	路径	假设	标准化系数	S.E.	C.R.	P
模型2	认知满意度←有形性	H6	0.251	0.084	3.781	***
	认知满意度←可靠性	H7	0.242	0.098	3.013	**
	认知满意度←响应性	H8	0.122	0.083	1.843	0.065
	认知满意度←保证性	H9	0.309	0.114	3.567	***
	认知满意度←移情性	H10	0.270	0.109	2.960	0.003

注：***代表P<0.001，**代表P<0.01，*代表P<0.05

表4.30 博士生教育服务质量与学生认知满意度关系拟合度分析

Tab.4.30 The revised of fitting analysis of the structural equation

	X2/df	GFI	AGFI	NFI	CFI	IFI	RMSEA
模型2	3.503	0.852	0.810	0.821	0.862	0.863	0.093

（2）模型修正与确定

通过模型的修正来改善未拟合成功的初始模型。根据AMOS产生的修正指标，增加e12和e14、e32和e33的残差间协方差关系，修正后的关系如图4.5。修正后博士生教育服务质量与学生认知满意度关系结构方程拟合结果如表4.31所示。从表4.32可以看出，经过修正后模型其拟合结果良好，拟合度指标X2/df、GFI、AGFI、NFI、CFI、IFI、RMSEA等指标都所有改进，实现修正效果。

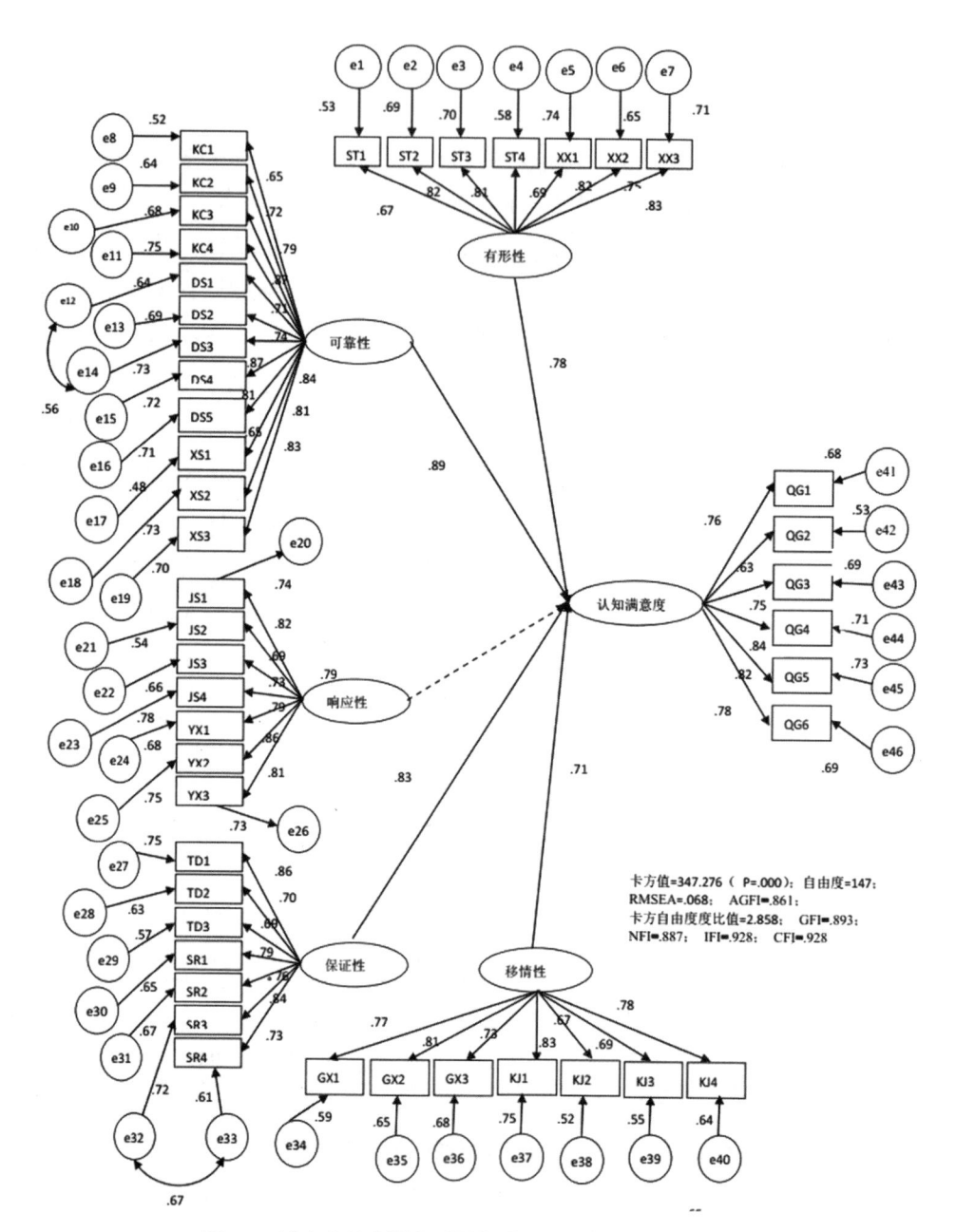

图4.5 博士生教育服务质量与学生认知满意度模型修正

Fig.4.5　The fitting figure of the revised structure model

表4.31 修正后博士生教育服务质量与学生认知满意度关系结构方程拟合结果

Tab.4.31 The revised of structure model of fitting results

模型	路径	假设	标准化系数	S.E.	C.R.	P
模型2	认知满意度←有形性	H6	0.78	0.068	3.457	***
	认知满意度←可靠性	H7	0.89	0.091	3.007	**
	认知满意度←保证性	H9	0.83	0.073	3.875	***
	认知满意度←移情性	H10	0.71	0.068	3.647	***

注：***代表P<0.001，**代表P<0.01，*代表P<0.05

表4.32 修正后博士生教育服务质量与学生认知满意度关系拟合度分析

Tab.4.32 The revised of fitting analysis of the structural equation

	X^2/df	GFI	AGFI	NFI	CFI	IFI	RMSEA
模型2	2.858	0.893	0.861	0.887	0.928	0.928	0.068

通过结构方程模型检验，其假设检验结果汇总如表4.33所示。

表4.33 假设检验结果汇总

Tab 4.33 Hypothesis test results summry

假设	路径系数	检验结果
H1：有形性质量对学生情感满意度存在正向影响。	0.61	支持
H2：可靠性质量对学生情感满意度存在正向影响。	0.87	支持
H3：响应性质量对学生情感满意度存在正向影响。	0.72	支持
H4：保证性质量对学生情感满意度存在正向影响。	0.75	支持
H5：移情性质量对学生情感满意度存在正向影响。	0.67	支持
H6：有形性质量对学生认知满意度存在正向影响。	0.78	支持
H7：可靠性质量对学生认知满意度存在正向影响。	0.89	支持
H8：响应性质量对学生认知满意度存在正向影响。	——	不支持
H9：保证性质量对学生认知满意度存在正向影响。	0.83	支持
H10：移情性质量对学生认知满意度存在正向影响。	0.71	支持

4.5 假设检验结果汇总与讨论

4.5.1 博士生教育服务质量的结果与讨论

1. 博士生教育服务质量现实状态的结果与讨论

从统计结果来看，博士生教育服务质量在有形性质量、可靠性质量、响应性质量、保证性质量与移情性质量上具有显著性差异；它们的得分分别为3.313、3.219、2.774、3.563、3.032。

（1）对有形性维度测度结果的说明：

有形性质量在高校的博士生教育服务质量中相对较好，两个子维度实体环境和信息展示上均在一般稍微偏上的水平。从方差分析结果来看，实体环境与信息展示之间未达到显著水平。说明在调研的高校中，实体环境质量和信息展示质量在博士生教育服务中差异不显著。首先，实体环境质量的得分为3.334，说明实体环境质量处于一般偏上水平。实体环境质量中"学校为我提供先进的教学、科研设施设备"上，得分最低，为3.18。说明高校在教学、科研的设施设备的先进程度上还有待于加强，一定程度上它并没有满足博士生的学习需要，使学生科研受到一定的限制。实体环境质量中"学校的图书资源（实体和网络）充裕且获取便利"得分最高，为3.45。其次，信息展示的均值为3.286，说明博士生认为高校信息展示工作的水平一般。其中"学校通过各种方式向博士生提供教育相关的政策规定、办事指南、培养方案等信息"得分最低，仅为3.24。而"学校经常向我提供思想教育、奖助学金、评优、保险、就业等信息"得分最高，为3.32。

（2）对可靠性维度的测度结果说明：

可靠性维度得分仅略高于响应性维度和移情性维度得分，说明可靠性质量仅比响应性质量和移情性质量高一些，比有形性和保证性质量要低一些。对可靠性的子维度进行分析，发现课程教学、导师指导与学术交流之间存在显著性差异。课程教学、导师指导与学术交流的得分分别为2.76、3.23、3.58。导师指导的得分显著高于课程教学和学术交流的得分，说明导师指导质量相对高一些，但导师指导质量离高水平仍有一些差距。这进一步印证了当前在博士生教育中，导师对帮助学生了解科研方法和规范、撰写博士学位论文与科研能力提升的影响很大的结论。在学术交流上，博士生认为高校为他们提供的学术交流机会并不多，尤其表现在国际交流机会较少。国际交流可以拓宽博士生的学术视野，容易把握国际本书领域的学术前沿动态。课程教学质量偏低，博士生普遍认为课程内容缺乏前沿性、专业知识的精深度不强、各类型课程的结构比例不合理。在教学中，教师授课的方法和手段单一，并没有根据课程需要采取多样化的授课形式。

（3）对响应性维度的测度结果说明：

在博士生教育服务质量中，响应性质量最低，仅为2.774。响应性质量主要包含两个方面，一个是及时性质量，一个是有效性质量。及时性质量得分为2.718，有效性质量得分为2.894。博士生认为高校在提供教育服务时的及时性和有效性不强。具体表现在信息变更不能快速通知、行政人员不能及时回应学生请求、等待时间较长等。对及时性质量和有效性质量做差异分析，发现及时性与有效性之间存在显著性差异。有效性维度得分略高于及时性维度得分，说明博士生感知博士生教育服务的有效性质量要比及时性质量稍好一些。即教职工提供的各项教育服务满足博士生的需要程度虽偏低，但也比回应博士生的及时性要高一些。可见，高校提供教育服务的及时性较差。这可能由于博士生主体地位的缺失而造成的。受到传统教育思想的影响，博士生被认为是受教育的对象，而不是在教育过程中具有主体地位的合作者。因而这一现象导致了高校缺乏关注博士生需要并及时回应的意识。

（4）对保证性维度的测度结果说明：

在博士生教育服务质量中保证性质量的得分最高，为3.563，表示保证性质量要高于其它四个维度的质量。虽然保证性质量在博士生教育服务质量中最高，但与高水平质量相比仍存在差距。保证性质量包括两个方面，一个方面是态度友好，另一个方面是胜任能力。态度友好的得分为3.527，胜任能力得分为3.590。对保证性的子维度进行分析，发现态度友好与胜任能力之间存在显著性差异。胜任能力略高于态度友好的得分，说明总体上导师、教师、行政人员与后勤工作人员的岗位胜任力要略好于他们对待博士生的态度。在态度友好维度中，"与导师沟通时，导师的态度都非常好"的得分为3.74，高于其它测量题项的得分。说明在导师对待博士生的态度上，博士生认为导师态度比较好。而题项"当我到行政部门办理事务时，老师非常积极地帮助我"和"后勤部门的人员非常热情的对待我"得分分别为3.40和3.45。说明行政人员和后勤人员对待博士生的态度稍低于导师。

（5）对移情性维度测度结果的说明：

博士生教育服务质量中，移情性质量得分相对较低，仅为3.032。说明当前博士生教育服务中的移情性质量处于一般水平。移情性质量包含两个子维度，分别是关心了解和可接近性。关心了解维度得分为2.592，可接近性的得分为3.362。对移情性维度下的两个子维度进一步的分析发现，关心了解质量和可接近性质量之间差异显著。可接近性质量要好于关心了解质量，说明博士生在各项教育服务活动中表达个人意见的机会较多，服务时间、设施的便利程度较高。但博士生对高校了解关心他们的观点并不十分认可。博士生感知到的是，高校缺乏对博士生需求的了解，缺少对他们的人文关怀。如"院系经常主动关心了解学生们的学习科研需求"、"行政人员经常主动了解我的需求，为我提供个性化的服务（就业指导、公派留学、心理咨询、社会时间等）"的得分仅为2.58。说明博士生认为所在院系对他们学习和科研的需求了解程度不够、行政人员很少主动了解他们的需要（就业、留学、心理咨询、社会实践等）、后勤部门也存在一定程度上的对他们个性化的生活需要关心不够（地域性小吃窗口、食堂开放时间、自主选宿舍等）。

2. 基于人口统计学特征的结果与讨论

（1）博士生教育服务质量不同维度的性别差异

从统计结果上来看，不同性别的博士生在有形性、可靠性、保证性与移情性维度上差异不显著。这表明性别对他们感知教育服务质量并不存在太大影响。进一步对教育服务质量各主维度下的子维度进行差异性检验发现，在实体环境、信息展示、导师指导、学术交流、态度友好、胜任力、关心了解与可接近性上，不同性别的博士生对它们质量的感知差异并不显著，这进一步说明，不同性别的博士生对教育服务质量的大多数维度的质量感知是趋于一致的。这可能是由于博士生年龄较大，生理和心理上比较成熟，男女生的认知差别不是特别明显，所以不同性别的博士生对教育服务质量的多数维度质量感知并没有差别。

不同性别的博士生仅在课程教学、及时性与有效性三个子维度上存在显著性差异，表明不同性别的博士生在课程教学质量、及时性质量与有效性质量上感知不同。课程教学是可靠性的子维度，虽然可靠性维度在性别上并不存在显著性差异，但不同性别的博士生对课程教学质量感知存在显著差异。在及时性和有效性两个子维度上，女博士生所感知的及时性质量和有效性质量均高于男博士生。及时性与有效性共同属于响应性维度，这与性别在响应性维度存在显著差异的结果相一致。女博士生对响应性质量的感知要好于男博士生，这可能是由响应性的特点所决定的。响应性维度强调教职工与博士生之间互动的及时性和有效性。就女性而言，人际互动的感知度要高于男性，即女性比男性更为敏感。因而，在高校回应博士生需要的快捷程度与效果的感知上，女博士生感知服务质量要比男博士生高一些。

（2）博士生教育服务质量不同维度的年级差异

从不同年级的博士生在教育服务质量不同维度质量的感知差异比较中，发现年级在有形性、保证性与移情性维度上，差异不显著。这说明不同年级的博士生在对有形性质量、保证性质量与移情性质量的感知上是趋于一致的。这可能是由于有形性、保证性与移情性三个维度的特点所决定的。有形性质量主要是指高校为博士生提供的实体环境和信息展示的质量，保证性质量是导师、教师、行政人员与后勤人员对待博士生的态度以及他们的岗位胜任能力，移情性质量则是高校对博士生的关心了解以及可接近性。从三个维度的内涵来看，它们的服务质量属于高校固有的质量特性，再进一步讲，三个维度的质量是存在于高校以及导师等相关服务人员上的固定特质。

从统计结果上看，不同年级在可靠性和响应性两个维度上存在显著性差异。这表明不同年级的博士生在可靠性质量和响应性质量的感知上是有差异的。进行事后比较发现，在可靠性质量的感知上，一年级与三年级、一年级与四年级、一年级与五及以上年级、二年级与四年级均存在差异。一年级博士生对课程教学、导师指导与学术交流质量的感知要明显高于三年级、四年级和五及以上年级，即一年级的博士生认为学校的课程教学质量、导师指导质量与学术交流质量更好。二年级的博士生认为课程教学、导师指导与学术交流质量要好于四年级的博士生。在一年级与二年级、二年级与三年级、三年级与四年级、四年级与五及以上年级上，博士生对可靠性质量的感知不存在差异。

在响应性维度上，一年级的博士生与其他年级的博士生相比存在显著性差异。一年级对响应性质量的感知要明显高于其他年级的博士生，这可能是由于一年级存在更多的与高校服务人员事务性接触的机会。而其他年级之间对响应性质量的感知并没有差异。

（3）博士生教育服务质量不同维度的学科差异

从统计结果上来看，不同学科的博士生在有形性、可靠性、响应性与保证性质量的感知上均存在显著性差异，而在移情性质量上差异不显著。本次调查主要分为人文学科（哲学、文学、历史学、教育学）、理科（理学、医学、农学）、社会科学（法学、经济学、管理学）与工科（工学）四个学科门类。不同学科门类的博士生对教育服务质量的感知是不相同，这进一步验证了已有研究的结论。

在有形性质量上，人文学科与理科、人文学科与工科、理科与社会科学、理科与工科的博士生对有形性质量的感知存在差异，而人文学科的博士生感知到的有形性质量与社会科学的博士生感知到的有形性质量差异不显著。与人文学科、社会科学、工科相比，理科的博士生认为有形性质量要明显好于其他三个学科门类，而人文学科的博士生则认为学校的有形性质量要好于工科。这说明目前工科类博士生感知到的有形性质量最低。

在可靠性质量上，人文学科与工科、社会科学与工科、理科与工科的博士生对可靠性质量的感知存在差异，而人文学科与理科、人文学科与社会科学、社会科学与理科的博士生对可靠性质量的感知差异不显著。可靠性质量主要体现在课程教学、导师指导、学术交流三个方面上。与工科门类相比，人文学科、理科、社会科学的博士生对可靠性质量的感知要略高一些。

在响应性质量上，人文学科与理科、人文学科与工科、理科与社会科学、理科与工科、社会科学与工科的博士生对响应性质量的感知存在差异，而人文学科与社会科学之间差异不显著。与理科相比，人文学科和社会科学的博士生对响应性质量的感知均高于理科门类的博士生。工科门类的博士生感知的响应性质量要好于理科。这说明理科博士生感知到的响应性质量偏低。社会科学的博士生认为响应性质量好于工科门类的博士生。

在保证性质量上，人文学科与工科、理科与社会科学、理科与工科、社会科学与工科的博士生对保证性的质量感知上均存在差异，而人文学科与理科、人文学科与社会科学的博士生对其质量感知差异不显著。与工科相比，人文学科、理科、社会科学的博士生感知的保证性质量高一些。理科的博士生也认为保证性质量要好于社会科学。这说明工科类的博士生感知的保证性质量偏低。

（4）博士生教育服务质量不同维度的学校类型差异

从统计结果上来看，不同类型学校的博士生在教育服务质量的五个维度的质量感知上均存在显著差异。本次调查主要分为"985工程"高校、"211工程"高校与普通高校三种类型。来自不同类型高校的博士生对有形性、可靠性、响应性、保证性与移情性质量的感知有所不同。在有形性、可靠性、响应性与保证性质量上，"985工程"高校与"211工程"高校、"985工程"高校与普通高校、"211工程"高校与普通高校之间存在差异。在移情性质量上，"985工程"高校与普通高校、"211工程"高校与普通高校之间存在差异，而"985工程"高校与"211工程"高校的移情性质量差异不显著。

在有形性质量上，"985工程"高校和"211工程"高校的有形性质量好于普通高校的有形性质量。另外，"985工程"高校的形性质量高于"211工程"高校的质量。这源于中央政府和当地政府对"985工程"高校、"211工程"高校经费投入较多，特别对重点学科、重点实验室的财政拨款额度较大。

在可靠性质量上，"985工程"院校和"211工程"高校的可靠性质量高于普通高校的可靠性质量。另外，"985工程"高校的可靠性质量要稍好于"211工程"高校。

在响应性质量上，"985工程"高校的响应性质量高于普通高校的响应性质量，"211工程"高校的响应性质量高于普通高校。"985工程"高校的响应性质量好于"211工程"高校的响应性质量。

在保证性质量上，"985工程"高校的保证性质量高于"211工程"高校的保证性质量，"211工程"高校高于普通高校，"985工程"高校的保证性质量要高于普通高校。

在移情性质量上，"985工程"高校的移情性质量高于普通高校的移情性质量，"211工程"高校的移情性质量高于普通高校。"985工程"高校的移情性质量与"211工程"高校的移情性质量差异不显著。

4.5.2 博士生教育服务质量与学生满意度的关系

假设验证结果证明了服务质量各维度与满意度各维度的关系，验证出学生满意度作为评价服务质量的一个标准的可行性。同时，也揭示出博士生教育服务质量对学生满意度影响的大小。

本章验证了博士生教育服务质量与学生满意度的相互关系的因果假设，将所有假设进行汇总，如表4.46所示。从假设检验结果的汇总来看，博士生教育服务质量中可靠性维度对学生满意度的影响最大，保证性对学生满意度的影响次之，有形性和移情性对学生满意度的影响几乎相同，响应性只对学生满意度中的情感因素存在正向影响。

1. 有形性对学生满意度影响的结果与分析

从图4.3可知，有形性与学生情感满意度的路径系数为0.61；从图4.4可知，有形性与学生认知满意度的路径系数为0.78；从路径系数的显示可以看出，博士生教育服务质量中有形性维度对学生满意度具有显著的积极影响，其中，有形性对学生满意度中的认知要素影响较大一些。这充分支持了假设1和假设6，即博士生对教育服务质量中有形性的感知是学生满意度的重要前因。博士生对其教育服务质量是否满意，直接取决于其感知到的有形载体的质量高低，即高校为博士生提供的实体环境的情况和信息展示的全面和充分程度。

在服务质量的有形性维度对满意度中的情感要素的影响关系中，有形性中各测量题项的因子载荷，以提供奖助学金等信息（0.87）、宿舍设施（0.86）最大和次大，表明在感知有形性服务质量中除了对学校提供的科研经费和科研设备、图书资源、体育运动设施、培养方案、学位学科等信息比较关注外，博士生对奖助学金、就业、评优、保险等信息的关注程度也非常高，此外对于宿舍的条件也有一定的要求。在服务质量的有形性维度对学生满意度的认知要素的影响关系中，有形性中的各测量题项的因子载荷，以奖学金等信息提供（0.83）、图书资源（0.82）、学术规范等信息提供（0.82）最大和次大，表明博士生在感知有形性服务质量中除了对科研经费和设施、宿舍条件、体育运动设施、培养方案等信息比较关注外，更加重视奖学金等、学术规范等信息的提供情况、图书资源的充裕和便利情况。从各测量题项的因子载荷中可以看出对学生满意度中的情感和认知要素的影响略有不同，可见博士生在情感层面和认知层面所关注的侧面是有所不同的,有些测量题项直接调动的是博士生的情感因素,而有些题项直接影响的是博士生的认知因素。

2. 可靠性对学生满意度影响的结果与分析

从图4.3可知,可靠性与学生满意度中的情感要素之间的路径系数为0.87;从图4.4可知,可靠性与学生满意度中的认知要素之间的路径系数为0.89。在所有假设的路径系数中,二者之间的路径系数最高,说明可靠性是博士生满意度与否的关键维度,即可靠性是博士生教育服务质量中的核心质量,是博士生满意度高低的最重要的影响因素。这也充分支持了假设2和假设7,同时也验证了服务质量理论中所指出的可靠性是服务质量的关键要素。

在可靠性的三个维度课程教学、导师指导和学术交流中,各测量题项的其因子载荷均较高,说明博士生对课程教学、导师指导和学术交流的服务质量对学生满意度的影响较大,其中学术交流中的个测量题项的因子载荷要普遍高于课程教学和导师指导的因子载荷,说明学术交流对学生满意度存在最大的影响,也是博士生感知教育服务质量的重要因素之一。

在服务质量的可靠性维度对满意度中的情感要素的影响关系中,可靠性中各测量题项的因子载荷,以导师解决困惑(0.86)、参加国际会议(0.85)、课程结构比例(0.85)最大和次大,表明在感知可靠性服务质量中除了对课程内容、导师对学位论文的询问、导师对学科意识的培养、参加国内和校内的学术会议或论坛比较关注外,博士生对导师帮助解决论文中的困惑、具有参加国际会议的机会、课程结构比例的关注程度也非常高。在服务质量的可靠性维度对学生满意度的认知要素的影响关系中,可靠性中的各测量题项的因子载荷,以授课方式(0.87)、导师指导前的准备情况(0.87)、参加全国学术会议的机会(0.84)最大和次大,表明博士生在感知可靠性服务质量中除了对课程内容、结构、导师的学位论文询问情况、参加国际会议的机会等比较关注外,更加重视教师的授课方式、导师指导前的准备情况和参加全国学术会议的机会。

3. 响应性对学生满意度影响的结果与分析

从图4.3可知,响应性对学生满意度中的情感因素的影响路径系数是0.72;从图4.4中可知,响应性对学生满意度的认知因素的影响没有通过路径检验。从路径系数的显示中可以看出,博士生教育服务质量的响应性对学生满意度的情感因素存在积极正向的影响,但对满意度认知因素没有影响。说明假设3成立,假设8不成立。博士生教育服务质量中的响应性对学生满意度中的认知要素不存在影响关系的原因可能有两点。

其一，从这两个变量的内涵来看，响应性是强调在教育服务过程中，教职工及时回应和满足博士生的程度，而满意度的认知因素是发生在接受教育服务后长期的一种认识和想法。其二，从测量题项来看，认知要素测量是一段时间内对教育服务的认识和看法，而响应性测量的是具体事务和具体瞬间的高校的行为和态度，两者是个象限里的问题。

在响应性的两个子维度及时性和有效性中，各测量题项的因子载荷均比较高，其中及时性的各测量题项的因子载荷要略高于有效性的各测量题项的因子载荷，说明在响应性中，博士生对及时性的关注程度要比有效性高一些，这也是源于博士生在接受博士生教育服务瞬间的一种情感性反应的结果。

在服务质量的响应性维度对满意度中的情感要素的影响关系中，响应性中各测量题项的因子载荷，以行政人员满足当时办事需要（0.83）、课堂中的问题的回应及时性（0.82）最大和次大，表明在感知响应性服务质量中除了对各种学术信息发布的及时性、行政人员再忙也及时回应、科研需要的满足情况比较关注外，博士生对课堂中遇到问题教师回应的及时性和行政人员为博士生办理事务时，满足博士生需要的程度的关注程度也非常高。

4. 保证性对学生满意度影响的结果与分析

从图4.3可知，保证性与学生情感满意度的路径系数为0.75；从图4.4可知，保证性与学生认知满意度的路径系数为0.83；从路径系数的显示可以看出，博士生教育服务质量中保证性维度对学生满意度具有显著的积极影响，其中，保证性对学生满意度中的认知要素影响较大一些。这充分支持了假设4和假设9，即博士生对教育服务质量中保证性的感知是学生满意度的重要前因。博士生对其教育服务质量是否满意，直接取决于其感知到的保证性的质量高低，即高校为博士生提供教育服务时，人员的态度友好程度和胜任能力的高低。

在服务质量的保证性维度对满意度中的情感要素的影响关系中，有形性中各测量题项的因子载荷，以导师沟通态度（0.87）、后勤专业技术（0.86）最大和次大，表明在感知保证性服务质量中除了对行政人员、后勤人员的服务态度、导师的学术水平、教师的专业知识等比较关注外，博士生对导师沟通时的态度和后勤人员的专业技术的关注程度也非常高。在服务质量的保证性性维度对学生满意度的认知要素的影响关系中，保证性中的各测量题项的因子载荷，以行政人员的态度（0.86）、导师学术水平（0.84）最大和次大，表明博士生在感知保证性服务质量中除了对后勤人员、教师专业知识、行政人员业务能力比较关注外，更加重视行政人员的态度和导师的学术水平的情况。从各测量题项的因子载荷中可以看出对学生满意度中的情感和认知要素的影响略有不同，可见博士生在情感层面和认知层面所关注的侧面是有所不同的，有些测量题项直接调动的是博士生的情感因素，而有些题项直接影响的是博士生的认知因素。

5. 移情性对学生满意度影响的结果与分析

从图4.3可知，移情性与学生情感满意度的路径系数为0.67；从图4.4可知，移情性与学生认知满意度的路径系数为0.71；从路径系数的显示可以看出，博士生教育服务质量中移情性维度对学生满意度具有显著的积极影响，其中，移情性对学生满意度中的认知要素影响较大一些。这充分支持了假设5和假设10，即博士生对教育服务质量中移情性的感知是学生满意度的重要前因。博士生对其教育服务质量是否满意，直接取决于其感知到的移情性质量的高低，即高校所表现出关心了解博士生们的需要的程度和在校期间，高校提供教育服务的人员的可接近性的程度。

在移情性的两个子维度关心了解和可接近性中，其因子载荷均比较高，都能较好的反应移情性，其中可接近性的各个题项的因子载荷要略高于关心了解的因子载荷，说明可接近性在移情性维度中所占的份量要比关心了解略大一些。

在服务质量的移情性维度对满意度中的情感要素的影响关系中，移情性中各测量题项的因子载荷，以参与学校管理（0.82）、行政人员了解需求（0.79）最大和次大，表明在感知移情性服务质量中除了对了解博士生科研和学习需求、了解生活需求、奖助学金过程公开透明等比较关注外，博士生对参与学校管理和提供就业指导、公派留学等行政服务关注程度也非常高。在服务质量的移情性维度对学生满意度的认知要素的影响关系中，移情性中的各测量题项的因子载荷，以参与学校管理（0.83）、行政人员提供人性化服务（0.81）最大和次大，表明博士生在感知移情性服务质量中除了对学校了解科研和学习需求、生活需求、反馈平台、时间便利等方面比较关注外，更加重视行政人员了解学生需求（就业指导、心理咨询等）以及学生参与学校管理和政策制定的情况。

4.6　本章小结

本章对第3章开发的问卷进行了预调查，经过小样本数据测试，得出问卷具有良好的信度和效度，为后续研究奠定了基础。本次调查在全国共选取了30所高校，对回收的1019份有效问卷运用SPSS软件和AMOS软件进行了数据处理并对其结果进行了分析与讨论。假设检验结果分为两部分进行讨论，一是讨论博士生感知教育服务质量五维度模型的结果，二是讨论博士生教育服务服务质量与学生满意度关系模型的检验结果，两次讨论都是为了揭示目前我国高校博士生教育服务质量的现实状态以及影响学生满意度的重要维度，为改进博士教育服务质量提供数据性参考。

第一，基于博士生感知教育服务质量五维度模型的检验结果，分析我国目前高校的博士生教育服务质量的现实状态。其一，总体现状：博士生教育服务质量在有形性质量、可靠性质量、响应性质量、保证性质量与移情性质量上差异著性。具体来看，对博士生教育服务质量的现实状态进行测量的五个变量得分显示目前我国高校的博士生教育服务质量处于中等偏上水平。五个维度上的得分分别为：有形性质量3.313、可靠性质量为3.219、响应性质量为2.774、保证性质量为3.563、移情性质量为3.032。从性别、年级、学科以及院校类型四个方面，分别进行了差异性分析。

第二，基于博士生感知教育服务质量与学生满意度的关系模型检验结果，博士生教育服务质量五个维度均对学生满意度具有强相关关系。最强的是可靠性质量，说明它是博士生教育服务中的最关键要素，即课程教学、导师指导、学术交流的质量是影响学生满意与否的最重要因素。其次为保证性质量、响应性质量，再次为有形性质量、移情性质量。

5 博士生感知教育服务质量的现状与问题

基于前文的统计结果，目前我国高校博士生教育服务质量总体处于中等偏上水平。在博士生教育服务质量中，保证性质量相对较好，有形性质量、可靠性质量、移情性质量处于中间水平，响应性质量最低。在学生满意度上，总体对博士生教育服务质量比较满意。在情感上，学生的满意程度较好。学生在参与博士生教育服务活动中，处于比较愉悦情感状态；在认知的满意度上，学生对高校的总体教育服务质量比较满意。本章主要根据实证研究结果对博士生教育服务质量五个维度的质量现状、问题及产生的原因进行具体深入的分析。

5.1 有形性质量的现状与问题

1.有形性质量现状

有形性目的是为了让无形的教育服务活动更加有形化。构成有形性质量有两个方面的内容，一个是高校的实体环境质量，另一个是高校的信息展示质量。

高校的实体环境质量得分为3.334，说明高校的公共基础设施、教学和科研设施、生活服务设施均比较先进完备。首先，公共基础设施包括图书馆资源、校园网络、教学楼、校园环境等。大多数生认为图书资料的充裕程度和获取便利性较好，他们能够便利获得本专业的书刊资料、电子文献等，但也有少部分学生仍然无法获得前沿专业性的文献资料。其次，教学和科研设施是学生比较关注的硬件，直接和他们的学习和科研质量挂钩。在"学校为我提供先进的教学和科研设施设备"题项上得分为3.18，表明在教学和科研训练中，教室、研究室、实验室、实验基地的基础设施和仪器设备先进水平基本满足学生的学习科研需要，基本能够保障博士生教学、研讨、实验等各类活动的顺利、有效开展。第三，在生活服务设施上，被调研的高校也基本能够考虑到学生的学习和科研的需要，为学生提供住宿条件比较优越，各种体育运动设施也比较完备。

在信息展示质量上，根据第4章的数据分析结果，高校基本能够准确、规范地发布培养方案、政策规定、学位学科信息、学生管理信息等。目前学生基本可以通过校园网或者学生学业信息管理系统，了解培养方案、培养计划、学科专业、学位标准、学术规范、思想政治教育、奖助学金评定、保险、就业等相关信息。但学生认为高校的信息展示的公开力度不够，缺乏质量标准、教育质量报告、课程质量评价结果等方面的信息发布。

在有形性质量上，基于人口统计学特征的差异分析，发现不同性别、不同年级的学生认为博士生教育服务的有形性质量不存在显著性差异。从学科门类上来看，理科学生认为有形性质量最高，其次为人文学科和社会科学，工科学生认为有形性质量最低，得分仅为3.05。这可能是由于学科差异所致，工科的博士生更加重视知识的运用与转换，因而工科类学生对教学科研的物质条件要求较高。从学校类型上来看，"985工程"、"211工程"院校的有形性质量要明显高于普通院校。这是由于"985工程"和"211工程"院校的办学条件要好于普通院校。

综上，虽然总体上博士生教育服务的有形性质量较好，但来自普通高校、工科的学生认为学校有形性质量不高，主要表现在实体环境质量上。同时，高校的信息公开力度不够，缺乏质量标准、博士生教育质量报告、课程质量评价结果等信息发布。因此，如何加强普通高校的实体环境建设、提高工科学生的研究条件，加强信息公开力度，对提升博士生教育服务质量有着重要意义。

2.有形性质量的问题与原因

通过以上对有形性现状的分析，结合第4章实证结果及前人的研究结论，发现在博士生教育服务中有形性质量仍然存在以下问题有待于进一步改进：

第一，普通高校的实体环境建设问题。普通高校的实体环境建设工作与博士生学习、科研和生活条件息息相关。目前，普通高校的公共设施、基础设施、公共教学设施、科研条件、学生生活设施比其它两类院校有所差距。主要表现在教学和科研设备不够先进、图书文献资源（网络和实体）不充裕、缺乏专门的博士生研究室、宿舍设施不全等。其原因在于经费投入的问题。高校经费渠道主要有国家财政拨款和高校自身的收入。普通高校的经费要少于"985工程"、"211工程"的经费。另外，普通高校所占有的各种资源相对较少，没有为创收搭建更好的平台，造成了高校自身创收不足。

第二，工科学生的科研条件不足。科研条件是制约学生科研训练质量的关键因素。工科学生认为他们的科研条件不足，主要体现在仪器设备的先进程度不够。这严重影响他们研究的水平和深度，导致科研成果的质量不高。其原因是学科差异所致。由于工科类学生对科研的设施设备条件要求较高，所以他们认为当前科研条件有时候会制约研究的进展。

第三，高校的信息公开力度不够。主要体现为公开范围设置权限、信息内容不全面、不规范等现象。公开范围设置权限指校园网不支持外网访问，或者只能以用户名的方式进行访问。信息不全面是指信息公开内容不全面，缺乏公开博士生培养质量和发展质量信息，发布博士生培养质量标准、本校博士生教育发展质量报告、教学评估结果等信息。同时也缺乏教育过程中的动态信息，如评奖、评优的程序、标准等过程信息。学生只有通过教育活动发展变化情况感知过程的合理性。信息公开不规范现象体现在有的高校将博士生教育相关的信息部分公开，部分不公开。出现以上现象其原因在于，其一，作为博士生培养单位，信息公开的意识有待于加强，对博士生教育信息公开工作并未给予足够的重视。其二，尚缺乏有效的监督机制。

5.2 可靠性质量的现状与问题

1. 可靠性质量的现状

实证分析结果表明，博士生教育服务中可靠性质量处于中等偏上水平。在5.1节中对可靠性质量的总体现状进行了描述，下文将具体分析它的三个子维度课程教学、导师指导、学术交流的质量现状。

课程教学是教师向博士生提供的课程内容、课程结构和课程教学方式。课程内容表现为博士生课程知识的前沿性、精深度和知识面；课程结构表现为选修课程、必修课程的结构比例以及跨学科课程的数量；课程教学方式表现在是否能够根据博士生的学习需要而进行教学方式的选择。根据第4章的实证研究的结果，课程内容的前沿性程度为2.72，说明课程内容的前沿性一般，不能较好地满足博士生的学习最新知识，探索全新领域的需要，从而制约博士生的科研创新能力的培养；课程内容的精深程度为2.79，说明学生认为课程内容的知识精深度一般，与博士生教育层次匹配程度一般，满足博士生的对精深化知识学习的需要程度一般。教师选择授课方式的得分为2.70，说明学生认为教师的授课方式有时过于单一。课程教学的整体质量平均水平为2.76，说明目前博士生教育服务中课程教学质量仍需提升。

导师指导的情况整体较好，均值为3.58。在导师经常问询学生的论文进展情况并给予指导上的得分为3.53，说明导师能够指导学生进行科学研究和论文撰写。在引导学生掌握系统的理论知识上得分为3.62，表明导师能较好地帮助学生认知到本学科领域专业理论知识的重要性，并鼓励他们进行学习。在指导准备充分程度上得分为3.59，说明当前导师基本能够在指导学生之前做相应的准备。在导师帮我学生解决研究中的困惑上得分为3.57，在导师对学生科研能力的提升具有较大帮助上得分为3.59，说明导师在学生的科研训练中起到了关键作用。

学术交流是博士生教育服务的重要组成部分，更是博士生提高科研能力的重要途径。学术交流整体得分为3.23，表明学术交流质量总体较好。根据第4章具体的实证分析结果，学生参加国际学术交流活动的机会明显少于参加国内或校级学说活动，很多高校虽然设有支持博士生出国参加学术会议的专项资助资金，但是学生表示覆盖面不大，机会不是特别多。在参加校内的博士生论坛、学术报告、学术沙龙上，学生表示机会较多。

在可靠性质量上，基于人口统计学特征差异分析结果可知，在不同年级上，一年级和的学生认为学校的可靠性质量要比其他年级高一些。在不同学科门类上，人文学科、理科及社会科学的学生认为可靠性质量要高于工科。这表明工科的博士生教育服务质量应强调知识创造，但更要重视知识的运用与转换，这样更能适合博士生科研学习的需求。而人文学科和社会科学要重视研究方法的训练。理科要从理论层面注重知识的创新创造。从学校类型上来看，普通高校的学生认为可靠性质量要明显低于"985工程"和"211工程"高校。从以上人口统计学特征的结果中，我们可以看出由于一年级的博士生主要处于课程学习阶段，所以其感知质量较好；工科博士生普遍对质量感知较低可能是由于工科的学科性质所致；普通院校博士生感知到的可靠性质量低于其他院校其原因在于普通院校占有的教育资源相对较少所致。

2.可靠性质量的问题与原因

根据以上对可靠性中课程教学、导师指导和学术交流的现状分析，结合前人的研究结论，发现博士生教育服务质量中的可靠性仍存在以下问题需要进一步改进：

在课程内容的选择上存在前沿性和知识精深度不够的问题。课程学习是博士生教育服务的重要环节，课程内容是影响博士生对理论知识系统掌握的关键要素。目前，针对课程内容前沿性和专业知识的精深度不够的现象，深入分析其原因可能集中在，其一，在高校层面，可能存在高校制定的博士生课程标准不规范、不科学，课程的具体要求不明确的问题。其二，在教学内容设计上，教学内容设计并没有很好地体现博士生培养目标和学位要求，从而导致前沿引领程度不强、理论知识的深度不够现象的产生。其三，在教师层面上，可能是由于教师对课程教学的重视程度不够，投入精力不足所致。

在博士生课程教学上，主要表现教师授课方式的问题。目前，我国的博士生课程教学方式仍然以讲授为主，而根据博士生的认知水平和学习特点，显然讲授式的授课方式并不能调动学生参与的积极性。课程教学是一项教师和学生之间进行互动的知识传授活动，传统的讲授式教学显然不能使学生积极参与到课程学习中。当前，存在这一问题的原因是双方面的：一方面，教师对如何教的问题投入的精力不多，教师将更多精力投入到了科研中。大多数培养单位在教师的课程教学上只有量的标准而没有质的规定，或者课程教学在教师的薪酬结构中所占比重不大。另一方面，多年以来的课程学习经历使学生已经习惯了讲课式的知识传授，他们严重缺乏主动探究精神，不会也不乐于参加专题汇报、讨论，从而导致教师组织多样化的授课形式的积极性也不高。

在博士生参加学术交流活动上，尤其参加国际化的学术交流机会并不多。学术交流是指博士生参加的涉及有关学科前沿领域、新理论和新方法的报告、会议、讨论等活动。学术交流是博士生教育服务过程中一个重要环节。学术交流的深度与广度直接影响到博士培养质量。博士生参与国际学术交流更是拓宽视野的重要途径。学术交流上所表现出的问题，究其原因可能在于，其一，学术交流活动经费不足。其二，学生自身对学术交流的认识不足，参加的积极性也不高。

5.3 响应性质量的现状与问题

1. 响应性质量的现状

响应性质量是博士生教育服务中学生认为质量最低的。根据第4章的数据分析的结果，博士生教育服务中响应性质量的具体现状如下：

在及时性质量上，整体得分为2.718，说明博士生教育服务的及时性还有待于提高。具体的数据分析结果显示，目前我国高校及时回应博士生需要处于一般水平，平均只有30.04%的学生认为老师们及时回应了他们的各种要求。有34.17%的学生认为能够得到授课教师的快速回应。行政人员回应的及时性低于授课教师，这可以反映出高校教职工在回应学生上，并不是做的特别好。在学生要求没有得到及时回应时，可能会影响学生对教育服务质量的感知。

在有效性质量上，整体得分为2.849，表明博士生教育服务的有效性质量一般。根据具体数据显示，在科研上，56.86%博士生认为回应有效，在行政性的事务上，有55.46%的博士生认为行政人员为他们提供的服务满足了他们当时的需求；在后勤类服务中，58.49%的博士生认为后勤人员满足了他们的生活需要。综上，可以看出教职工在博士生教育服务过程中回应学生的有效性程度并不是特别高，尤其在非学术事务上，学生认为行政和后勤人员回应他们需求的效果仍需加强。

基于人口统计学变量的差异分析发现，响应性质量在不同性别、年级、学科与学校类型上均存在显著性差异。在性别上，女生认为响应性质量要好于男生。在年级上，一年级的博士生所感知的响应性质量要高于其他年级，这可能是由于高校不自觉的在工作中比较关注新生的要求。在学科门类上，理科生认为响应性质量最低。在学校类型上，"985工程"高校的响应性质量最高，"211工程"高校的响应性质量次之，普通高校的响应性质量最低。

2. 响应性质量的问题与原因

通过现状分析发现对高校中三类人员在面对博士生需要时作出的回应的及时性和有效性上，行政人员回应博士生要求的速度和满足博士生需要程度最低。可见，在学生管理工作中，行政人员的工作效率还有待于进一步提高。

学生管理作为博士生教育服务的一个组成部分，它是教学、科研活动顺利开展的基本保障。针对学生管理工作中出现的问题，究其原因主要有：第一，在高校层面，要重视机关职能转变工作，向服务型部门转变。第二，行政人员的管理理念的问题。行政人员从管理型工作理念向服务型工作理念转变不够彻底，应该树立为学生提供优质服务，促进学生的全面发展的理念。第三，学生管理工作的专业化和职业化程度不够。第四，学生管理工作过程中学生主体作用没有得到有效的发挥。第五，行政人员的激励机制不完善，一定程度上造成他们工作积极性不高。

5.4 保证性质量的现状与问题

1. 保证性质量的现状

保证性是博士生教育服务得以顺利完成的基本前提保障。它是博士生教育服务中人力资源要素。保证性的质量直接反应在教职工的工作态度和岗位胜任能力上。根据第4章的数据分析结果，保证性质量在博士生教育服务中质量最高。

在教职工对待学生的友好程度上，整体较好，得分为3.527。大部分学生认为导师、教师、行政和后勤人员对待他们的态度都比较热情友好。在学生与导师进行沟通交流时，导师乐于帮助他们解决生活学业中的难题。在行政人员积极热情帮助学生中，得分为3.40，说明行政人员在为学生办理事务时能积极帮助学生，但与非常积极帮助学生的态度上有一定差距。

在教职工的岗位胜任力上，得分为3.59，说明总体上教职工的知识能力得到了学生的认可。具体来看，导师和教师的学术能力和专业知识水平得分分别为3.71、3.66，说明学生认为导师的学术水平较高，科研能力较强；教师的专业知识较为丰富。但对行政人员的业务能力的考察上，得分为3.47。说明行政人员能够为学生提供服务，但行政人员的专业知识能力仍有需要改进的空间。

基于人口统计学变量的差异分析发现，不同的学科门类和学校类型的博士生感知到的保证性质量存在显著性差异。人文学科、理科和社会科学的博士生感知保证性质量高于工科类的博士生，即工科生认为教职工的态度友好程度和岗位胜任力要低于其它学科门类的学生。这可能是由于不同学科之间的区别所致，工科更加注重知识的转换与运用，可能导师、教师在知识的运用与转化上存在一些不足之处；从而导致在指导博士生时力不从心。在不同类型学校上，博士生对保证性质量感知也不同。"985工程"高校的保证性质量要好于"211工程"高校，"985工程"高校的保证性质量要显著好于普通高校，而"211工程"高校比普通高校的在保证性质量上要高一些。

2. 保证性质量的问题及原因

鉴于以上对保证性的现状分析，结合前人的研究成果，主要存在两个问题，一是行政人员的业务能力需要进一步提高，二是教职工的师德师风建设的问题。

虽然目前大多数行政人员的业务能力能够满足为学生提供基本服务，但随着研究生教育的不断发展，学生管理工作也更加职业化和专业化，这就要求要定期开展行政人员的业务能力培训工作。但有些事务性工作较多的部门容易忽视理论和业务学习，因而造成行政人员的业务素质不能随着教育时代的发展而提高。

保证性质量中态度友好维度与师德师风密切相关。从现状来看，教职工基本能够热情友好的对待学生，对于学生的困难能够给予适当的帮助。虽然主流上教职工表现出积极帮助学生，对待学生能够做到友好尊重。但是也有少数学生认为有时候在与教职工互动中，他们态度冷漠，并没有积极地帮助学生解决问题。究其原因，主要是教职工缺乏责任心，不尊重学生人格和受教育者的平等权利。由此，教职工的态度作为师德师风的重要内容，进一步加强师德师风建设是提高博士生培养质量的前提保障。

5.5 移情性质量的现状与问题

1. 移情性质量的现状

移情性在博士生教育服务中主要表现为教职工主动了解和关注博士生群体的需求，提供个性化的服务。移情性得分为3.03，说明移情性质量一般。移情性包含两个方面的内容，一个是教职工对学生的关心了解情况，另一个是在各项教育教学活动中的可接近性。

根据第4章的实证分析结果，教职工对博士生需要的关心了解情况的均值仅为2.59，说明高校整体上对博士生需要的关注程度不高，主要表现在教职工主动了解博士生的发展需求程度不够。只有少数管理服务人员主动了解和关心博士生的多样化需要，大部分的管理服务人员仍然是处于"学生来办事，我给你办"的被动状态，缺乏主动关注了解博士生的意识。导师基本可以遵循因材施教、个性化培养的理念，与学生共同制定培养计划；基本能够关注学生的思想教育和身心健康，协助相关部门解决学生生活、学业和就业等方面的困难问题。博士生教育服务是学生全过程参与的教育教学活动，只是导师关注博士生需求是远远不够的，要求参与教育服务的所有教职工都要在活动中主动了解和关注学生需求。

可接近性维度得分为3.36，表明在一定程度上博士生教育服务活动中体现了可接近性。具体来说，在博士生最为关注的奖助学金评选和评优上，调查高校基本能做到公开透明且公正。在食堂、宿舍和校园班车等的时间安排上基本能为博士生提供便利。但学生参与高校政策制定和管理的机会并不多。

基于人口统计学变量的差异分析发现，来自不同类型学校的学生对移情性质量的感知存在显著性差异，"985工程"高校和"211工程"高校的移情性质量均高于普通高校的移情性质量。基于性别、年级和学科门类的差异分析发现，不同性别、年级、学科门类的博士生对移情性质量的感知差异不显著。

2. 移情性质量的问题及原因

基于以上对博士生教育服务质量中的移情性质量的现状分析，再结合前人的研究成果，可以发现有以下问题有待于高校进一步改进：

高校了解关注博士生需要的程度不够，导致在教育服务活动中学生主体作用不明显。高质量的博士生教育应该是关注和满足博士生需求的教育，从本书的调查中可以高校在关注博士生需要和尊重博士生在教育服务活动中的主体地位上，都有所欠缺。究其原因可能在于学生的主体地位长期"缺失"。我国从古至今就有"师道尊严"，强调教师的权利和权威，认为学生是受教育者，尊重受教育者的平等权利的程度还不够。

第二，教职工"以学生为中心"的意识有待于进一步加强。"以学生为中心"就要为学生的利益着想。了解博士生在生活、学习、科研中存在普遍哪些问题,哪些问题是要迫切解决的。即从博士生的实际需要出发,提供适合他们的教育服务活动。针对目前存在的问题其原因可能在于,我国高等教育"以教师为中心"的理念历史悠久,教师在既定的框架内开展教与学活动,学生在教育过程中被动接受知识。但随着教育层次的提升,学生的主体作用越来越明显。"以学生为中心"的教育是从博士生的角度进行教育活动,教职工在教育互动中起到引领作用,更有利于培养博士生独立从事学术研究工作的能力,有助于激发博士生的创新意识。

5.6 本章小结

本章根据第4章的实证研究结果的讨论,具体揭示了当前教育服务质量的现实状态与存在问题,并探求其成因,为改进博士生教育服务质量提供现实依据。

本书得出学生感知的博士生教育服务质量处于中等偏上水平。首先,本书对博士生教育服务中有形性质量、可靠性质量、响应性质量、保证性质量和移情性质量的总体现状进行描述。有形性质量处于中等偏上水平,高校的公共基础设施、教学科研设施、生活服务设施完备与先进程度良好,但要加大信息公开的力度。博士生感知到的可靠性质量较好,分别表现在课程教学质量、导师指导质量和学术交流质量上,基本上符合相关规定以及博士生的要求。响应性质量在博士生教育服务五个维度中质量最低,博士生认为教职工回应他们的及时性和有效性一般。保证性质量在教育服务中得分最高,整体呈现中等偏上水平,教职工的态度和岗位胜任力基本符合要求。移情性质量呈现出一般水平,教职工在关心了解博士生的需要和教育活动中的可接近性上仍需加强。

其次,分别对博士生教育服务的五个维度上的质量具体现状、问题及原因进行深入分析。五个维度的问题主要有:有形性质量体现在普通高校的实体环境建设、工科学生科研条件不足、信息公开力度不够上;可靠性质量的问题表现在博士生在课程教学、导师指导、学术交流等层面受益的欠缺;响应性质量表现为博士生在接受学术训练、事务管理和后勤服务过程中教职工对学生需要回应的及时性和有效性不强；保证性质量上，教职工在教育服务过程中的态度以及岗位胜任力需要加强；移情性质量上，教职工需要加强"以学生为中心"的意识，呈现出关心博士生学习、科研和生活的需要程度不够。

6 我国高校博士生教育服务质量的改进策略

基于第5章对博士生教育服务质量现状的描述，以及教育服务质量存在问题的解释与原因分析，得出博士生教育服务质量改进的必要性。结合前文的博士生教育服务质量分析框架对其中不同维度的要素的解析，针对存在的问题，并借鉴ISO 9000：2015标准中质量管理七项原则的基本思想，提出改进我国高校博士生教育服务质量的几点建议性策略。

6.1 加强有形载体建设工作

为了消除高校在有形性质量中存在的问题，加强有形载体建设工作是关键。而在博士生教育服务中，有形载体主要是指教育服务的实体资源。因而合理配置教育服务中实体资源是解决有形性质量中存在的问题的主要途径。在资源配置中公共基础设施、教学和科研条件、生活条件和信息公开四方面为更有效为博士生发展服务，提供了有力的支撑。公共基础设施是校园环境、图书馆、教学楼、学校网络等建设。教学和科研条件是指教室的硬件设施、仪器设备、实验室硬件设施、科研设施等；生活条件指的是与博士生相关的生活中的有形载体的情况；信息公开是高校在博士生教育服务过程中，通过法定的形式和程序，将教育信息全面、及时、准确的公开。围绕以四个方面，结合存在的问题，提出如下改进策略：

第一，提高普通高校的实体环境建设质量。普通高校的实体环境建设工作主要体现在加强学校公共基础设施建设、提高教学科研条件、生活条件。经费是三项建设工作开展的物质保障。对于国家来说，增加对普通高校的财政拨款，是提高普通高校办学条件的基本保障。对于普通高校来说，要拓宽经费收入的渠道。如吸引企业的资金支持、深度加强产、学、研的融合以增加创收、努力争取校友和社会组织等的捐赠。

第二，提高工科领域的教学、科研条件。由于学科性质所致，工科类学生对教学、科研条件要求较高，为了保障培养质量，需采取多种措施改善教学科研条件。在教学科研条件中，最为核心的就是改善以实验室为核心的设施设备的先进程度。在科学仪器设备、实验室的硬件设施、科研设施的建设上：其一，继续增加国家对高校的财政性投入，高校也要主动创造条件，自筹办学资金。国家、地方政府和高校要增加资金投入。其二，要做好购置前的规划论证工作。实验室的仪器设备的购买要有所计划，经过专业人员的充分论证，合理规划设备仪器的资源配置，紧密结合本校的科研、教学及社会服务的真实需要而进行系统的购买安排。其三，高校可通过建立共享机制，使得实验室的仪器设备得到充分利用。

第三，加强信息公开力度。要增加信息公开的全面性、规范性、及时性。从思想意识层面来看，博士生培养单位要充分认识到信息公开对博士生教育、高校乃至全社会发展的重要意义。从主观上及时、准确、规范发布博士生教育相关信息。认真学习贯彻《高等学校信息公开办法》中的精神，规范、深化和拓展信息公开内容，增加博士生培养质量和发展质量信息、定期发布本校博士生教育质量发展报告、公开教学评估结果、教育服务过程的动态信息等，接受学生、社会公众的监督。另外，可建立征询博士生信息需求的渠道，及时了解博士生所需要的信息。

6.2 改进学术训练质量

可靠性质量作为博士生教育服务质量中的核心质量，它是博士生教育服务质量中与学术相关的质量。学术训练是可靠性质量的内核，包括课程教学、导师指导和学术交流。改进高校在学术训练过程中存在的问题对提升博士生满意度有直接的影响。为此，提出以下建议策略：

第一，从学校层面来说，要进一步深化博士生教育教学改革，完善博士生培养机制。结合当前社会需要以及科学技术的发展，在遵循国家的相关规定下，及时修订博士生培养方案，各个学科根据变化，也要及时调整本学科的培养方案。同时，导师、任课教师也要根据培养方案变更，调整培养计划，更新教学设计内容。

第二，加强博士生的课程建设。课程学习在博士生培养中具有非常重要的作用，针对目前博士生课程存在的前沿性不强、精深度不够、课程结构不合理等问题，博士生培养单位要高度重视。其一，在进行课程设计时，要始终把本学科的培养目标和学位标准作为基本依据，重视课程体系设计和结构优化，适当增加选修课的比例，取消一些选课的设置条件。其二，培养单位要优化课程内容，注重本学科的前沿引领和研究方法的传授。要根据本学科领域的发展、课程教学的实际效果以及人才需求的变化，及时调整课程内容。其三，要建立严格的课程审查制度。针对已开设的博士生课程要进行定期的审查，对课程内容要进行重点审查。把课程内容是否包括学科领域的热点和难点，本学科的最新研究成果，课程的精深性与硕士阶段是否有明显差距三项作为审查指标。以期保证课程内容符合培养需要，使课程学习切实能起到帮助学生掌握系统的理论知识、研究方法的作用。其四，完善博士生课程评价的机制，可以做到以评促建，督促教师将学科中最新的研究成果补充到课程中。通过对最近最新成果的讲授与评论，学生可以洞察研究成果并努力认识到如何创造性的进行思考，这对学生的学术敏锐性、培养问题意识和探究能力都具有重要的意义。

第三，改进博士生课程教学方式。博士生课程的授课方式是学生感知课程教学质量的关键环节。课程教学过程是教师与学生之间不断互动的过程，因而教师创造越多与学生沟通交流的机会，越能了解学生的需要及期望。在课程教学中，教师首先要尊重博士生的主体地位，可以鼓励博士生参与到教学设计、教学改革甚至教学评价中来。通过课程教学中师生之间的良性互动，激发学生的学习兴趣。其次，教师可以采用多种授课方式，如案例式教学、研讨、专题讲座等。一般基础性和理论性较强的课程可以通过教师的讲授加深博士生对专深知识的理解。而在学科领域中处于前沿性的研究成果和热难点问题则适合进行讨论授课的方式，教师可以提前布置学生查找文献，并对文献进行批判性阅读；另外学生通过阅读文献，对文献资料的逻辑思路和观点作以独立的评价和判断，从而开拓了博士生的学术视野，提高了他们的学术理解能力和独立思考能力。针对一些研究方法类的课程，则适合以专题讲座的形式展开。

第四，拓宽学术交流渠道，促进学生学术交流的深度和广度，保障学术交流质量。学术交流作为博士教育服务中的必要环节，对提高博士生培养质量具有重要作用。博士生培养单位拓宽渠道，多为学生创造高水平的学术交流机会，以加强博士生的学术思维的拓展，激发博士生的科研灵感，启迪他们的学术创新性思维。从交流层次上，可以分为国际、国内和校内三个层次，国际学术交流为博士生提供国外交流项目、参加国际学术会议和课题研究等；在交流形式上，博士生培养单位要为学生创造多样化的交流模式，如学术会议、专题讲座、学术沙龙、读书会、博士生论坛、国际交流项目等，丰富博士生学科内和跨学科的交流机会。另外，也要加强关于学生参与学术交流活动的要求，提高学生主动参与学术交流活动的意识。

第四，要重视导师在博士生教育服务中的重要作用。进一步建设和完善导师在博士生培养工作中职责落实的长效机制，明确导师是博士生培养的第一责任人，要做到遵循博士生教育的特殊规律，创新指导方式，实现全过程育人、全方位育人，有效指导和引领博士生成长成才。其一，严把博士生导师入口关，培养和选取政治素质过硬，师德师风高尚，业务素质精湛的的基本素质过硬的优秀学者担任博士生导师。其二，加强师德师风建设，博士生导师要关心关爱学生，要从思想素质、学术能力、实践能力等方面关注学生的成长，对博士生学习和科研活动中的进展要详细了解，对其遇到的问题和困难能够及时帮助、指导。其三，规范导师指导工作，对博士生导师指导工作应细化、量化，保证导师对博士生指导工作能够投入足够的时间和精力。其四，加强考评工作，将导师对博士生指导情况纳入导师工作评价体系，作为职称评定、职务晋升、收入分配和评先表彰的重要依据。最后，对在博士生培养工作中未能有效履行职责导师，高校应采取约谈、限制或停止招生，甚至取消导师等资格等措施给予处理，对情节严重者，应依法依规严肃处理。

6.3 完善行政教辅人员的激励机制

针对行政人员在博士生教育服务过程存在的回应学生的及时性和有效性不强的现象，提高他们在博士生管理与服务中的工作质量，可建立一套科学的行政人员的激励机制，使行政人员明确学生管理服务中的流程和规范，通过绩效考核、薪酬激励、进修培训等途径，激发他们工作的热情和潜能。

第一，健全绩效考核和评价机制，增强绩效考核评价的科学性。绩效考核指标体系可以作为行政人员工作的基本标准，高校中现有的绩效考核指标体系或过于粗放、或可量化程度不强，并未体现具体的工作规范要领，造成他们工作无章可依，部分工作人员参与工作的热情不高。首先，要根据所处岗位的不同，具体设置考核标准，使考核结果具有差异性，同时考核结果可以与职级晋升、岗位竞聘、薪酬挂钩。例如绩效指标考核体系可以按照部门类别进行，可将其分为研究生院、科技处、教务处、人事处、财务处等。不同部门的行政工作人员从事的工作内容差异较大，在其绩效考核指标中要体现差异。其次，要增加对学生回应及时性和有效性的考核内容。再次，在绩效考核的实施中，高校要改变已有的评价方式，由院校考核，变为学生评价、教师评价。

第二，提高行政人员的薪酬待遇，调动他们的工作积极性。针对高校目前的收入分配制度来说，普遍存在行政人员和教师的收入有所差距的现象。高校应改革现有的收入分配制度，提高行政人员的基本工资水平，改善他们的工作环境、增加他们的福利待遇等，来充分满足行政人员的各种需求。使他们能够更好的进行工作，更好地服务于学生。在工作中，表现突出的，应给予相应的奖励，从而增强他们的工作责任心，不断提高工作积极性。

第四，拓宽进修培训渠道，提高行政人员工作专业化、职业化水平。博士生的管理与服务工作要求行政人员具有较高的素质，了解博士生管理与服务的基本流程、特点，才能使人力、物力和财力高效地发挥作用与效能。高校要为行政人员出去参观培训学习搭建平台，利用出去学习的机会，了解新形势下行政管理服务的法律法规，注重业务知识的积累。

6.4 加强师德师风建设

保证性质量中态度友好和岗位胜任力均是师德师风建设的重要内容，加强师德师风建设是教职工队伍建设的重要内容之一。习近平总书记在北京师范大学的师生座谈会上，提出要做"有理想信念，有道德情操，有扎实学识，有仁爱之心"的"四有"好老师。为深入贯彻习近平总书记的重要讲话精神，教育部印发了《关于建立健全高校师德建设长效机制的意见》（以下简称《意见》），为高校加强师德师风建设提供了指导。

在博士生教育服务中，教职工的品德和作风是教育服务得以高质量完成的关键要素，更是影响博士生满意程度的重要环节。高校教职工呈现出的行为规范和品质，以及在与博士生互动过程中的做事风格都是对他们开展教育服务时态度和精神上的要求。教职工是提供教育服务的主体，从专业性的角度可以分为专业知识、专业伦理和专业精神。专业伦理和专业精神属于师德师风的范畴，它和专业知识属于同一层面的问题。如果专业知识在教育服务中属于硬件，那么可以说教职工的专业伦理和专业精神则属于软件。加强教职工的师德师风建设，更有利于博士生教育服务的高效开展，提高学生对教育服务质量的满意度。

按照《意见》中的师德师风建设要求，再结合ISO9000：2015标准的"领导作用"的质量管理原则，提出以下几点建议：

第一，在师德师风建设中，要重视领导作用。高校加强教职工的师德师风建设，关键在于领导的重视。领导是建立高校博士生教育服务的统一宗旨和方向，教职工作为提供教育服务的主要责任人，他们的师德师风问题更是影响教育服务质量的决定性因素。把教职工的师德师风问题列入重要的议事日程，将加强教职工的职业道德建设工作同各项其他工作结合起来，制定师德建设标准、教职工师德师风教育计划、完善教职工道德行为规范。建立师德考核监督委员会，完善教职工师德考核评价制度，制定师德一票否决制实施办法。在教职工师德师风建设工作上，要形成统一领导，责任分工、相互协作、多措并举的工作新局面。高校要成立由主要负责人为责任人，有明确牵头部门负责，并由相关责任部门组成的师德师风建设委员会；建设和完善党委统一领导、党政齐抓共管、由博士生培养部门具体落实、教师自我约束的体制和机制，形成上下联动、全员参与的师德师风建设合力。

第二，进一步构建和谐的师生关系是教职工道德的核心内容之一。博士生教育服务是在教职工与学生进行互动活动中完成的。对于教职工而言，在教育活动中要尊重和热爱博士生。以促进博士生全面发展为工作宗旨，为博士生未来学术生涯做准备。教师不能把博士生看成是被动受教育者，应该尊重博士生在教育服务过程中的主体性，要在学术事务和非学术事务中以博士生的发展为基本原则，创设一种和谐氛围，帮助博士生提高科研和创新能力。

第三，把师德师风考核评价贯穿于教育服务全过程中。2014年9月，教育部下发《教育部关于建立健全高校师德建设长效机制的意见》指出高校要将师德考核作为教职工考核的重要内容，更要健全师德考核，促进教师提高自身修养。师德师风融于教育服务的全过程，在教职工与博士生共同完成教育服务活动中体现出来。因此，在考核标准上，要结合教职工具体的工作实际情况，明确其岗位的思想政治要求、职业道德要求、教学工作要求、科研工作要求、指导学生要求等，尽量要从师德评价的指标中分解出可以量化体现教育服务过程的具体指标，使高校的师德考核评价易于操作。在评价中，也要充分尊重教职工的主体地位，坚持客观公正、公平公开原则，采取个人自评、学生测评、同事互评、单位考评等多种形式进行。

6.5 树立"以学生为中心"的意识

针对移情性质量中存在的问题，教职工要加强"以学生为中心"的意识。高校的教职工要转变工作理念，充分关注和吸纳博士生的合理需求，为博士生的全面发展着想，踏实积极帮助博士生转变为一名初级的科研工作者，抓住博士生最现实、最关心以及最直接的问题。具体建议如下：

第一，在学校层面上，学校的发展战略要进一步注重"以学生为中心"。在制定与修订关于博士生教育规章制度、政策法规、培养方案、基本流程等都要突出"以学生为中心"，从学校制度层面保障在博士生培养的各个环节上，更加突出博士生的主体地位，充分了解博士生当前的学习、科研和生活上的需要，努力营造有利于博士生开展研究的学术环境，为博士生的成长成才创造更广阔空间。

第二，院系要树立为博士生的发展服务的意识，拓宽途径以了解博士生的科研学习需求。导师、授课教师是博士生科研服务的提供者，他们在与学生的服务接触中的态度、行为是博士生感知其质量的重要参照。课程教学是博士生的学习知识和培养能力的主要方法，更是博士生教育服务中的基础环节，对博士生的专业基础、学术规范具有重要引导作用。授课教师要及时了解博士生想学什么、如何学，更新课程内容；在教学方法上，由教授式向引导式转变。

第三，在博士生管理工作中引入"以学生为中心"的理念，工作中以博士生的需求为出发点，以博士生的个性化发展为落脚点。在博士生事务管理工作中，要有一切为了博士生的利益着想的意识，主动了解博士生中普遍存在哪些问题，哪些问题需要及时解决，从了解博士生的实际需要出发，改变以往的博士生管理工作模式，加强服务意识，转变机关工作作风，努力为学生营造适合他们全面发展的环境。另外，也可以通过建立博士生需求反馈平台，及时了解博士生的各种需要，再与博士生工作密切结合起来，从而更有利于博士生获得良好的在学体验。

6.6 本章小结

本章针对第5章中博士生感知教育服务质量五个维度上存在的问题，提出了相应的质量提升策略。博士生教育服务强调过程，在有形性质量、可靠性质量、响应性质量、保证性质量及移情性质量上所表现出的问题所指向的本质不尽相同。为改进五维度上的教育服务质量，提出了五点建议性策略。

在有形性质量上，加强有形载体的建设工作，如提高普通高校的实体环境质量、加强博士生教育信息公开力度、提高工科领域的教学和科研条件。在可靠性质量上，改进学术训练质量成为提高其质量的内核。在博士生课程教学上，要增加课程的前沿性、合理构建课程结构、采用多样化的授课方式；在学术交流上，拓宽学术交流渠道，增多国际交流机会；在导师指导上，强化导师的责任意识、规范导师指导制度等。在响应性质量上，针对行政人员回应学生的及时性和有效性不强的问题，高校要构建行政人员的激励机制。如完善绩效考核和评价机制、薪酬激励、拓宽进修培训的渠道等。在保证性质量上，加强师德师风的建设。如在师德师风建设中，重视领导的作用、进一步关注师生关系、把师德师风的考核贯穿于教育全过程等。在移情性质量上，树立"以学生为中心"的意识。进一步注重"以学生为中心"的学校发展战略；院系要进一步完善了解博士生的学习和生活需要的渠道，突出博士生在课程教学中的主体作用；在博士生管理工作中，以学生的需求为出发点，以帮助学生个性化发展为落脚点。

7 结　论

本书以高校博士生教育服务质量为研究对象，结合我国当前研究生教育质量提升的背景，运用服务管理理论和ISO9000：2015标准，对高校博士生感知教育服务质量进行研究，构建出我国高校博士生教育服务质量的理论分析框架，析出博士生教育服务质量和学生满意度的维度，建立博士生教育服务质量五维度模型以及与学生满意度的关系结构模型，运用SPSS软件和AMOS软件进行数据分析，得出博士生教育服务质量的现状和问题，提出高校提升博士生教育服务质量的策略。

7.1　研究结论

1.博士生感知教育服务质量的分析框架

博士生感知教育服务质量的分析框架主要界定出博士生教育服务、博士生感知教育服务质量、学生满意度的概念内涵，在分析博士生感知教育服务质量构成要素的基础上，阐释博士生感知教育服务质量与学生满意度的因果关系，论证学生满意度作为衡量博士生教育服务质量的科学性和局限性。

具体结论：第一，根据服务管理理论中服务的概念、服务与产品的区别及其特征，分析博士生教育活动具有服务特性，明确博士生教育的过程可以看成服务，提出博士生教育服务的概念。第二，界定博士生教育服务的内涵，分析其特性，并分析构成要素。第三，根据ISO9000：2015标准中"质量"的专业定义，界定博士生感知教育服务质量的概念，从质量特性、质量要求及满足程度三个方面分析博士生感知教育服务质量。质量特性、质量要求和满足程度决定了博士生感知教育服务质量的基本构成。第四，根据感知服务质量研究成果和ISO9000：2015标准的核心思想，论证学生满意度作为博士生教育服务质量的结果体现的科学性，充分揭示出学生满意度可以作为衡量博士生教育服务质量标准的可行性。

2. 开发出博士生教育服务质量测量量表

本次研究在回顾传统服务质量的相关研究，以及高等教育服务质量的相关研究，尤其重点回顾了研究生教育环境下教育服务质量的研究的基础上，结合博士生感知教育服务质量的理论分析框架，以及博士生访谈的结果，博士生感知教育服务质量可以分为5个主维度，11个子维度。5个主维度为：有形性、可靠性、响应性、保证性和移情性。5个维度虽与PZB的服务质量划分一致，但在其定义和测量上做出了新的解释。这种划分不仅符合博士生感知教育服务质量分析框架的逻辑，而且在实证中也验证出其合理性。

有形性维度包含2个子维度：实体环境和信息展示，共计7个测量题项；可靠性包含3个子维度：课程教学、导师指导和学术交流，共12个题项；响应性包含2个子维度：及时性和有效性，共7个题项；保证性包含2个子维度：胜任力和态度友好，共7个题项；移情性包含2个子维度：关心了解和可接近性，共7个题项。综上，博士生感知教育服务质量量表由40个题项组成。

博士生感知教育服务质量量表的信效度均较高。在判别效度上，探索性因子分析结果表明5个维度具有很好地判别效度，在使用AVE值检验方法中，各个维度上的AVE值的平方根值都大于彼此间的相关系数；在收敛效度上，因子负荷量均高于0.70，说明潜在构念对测量变量的解释能力较强，平均方差抽取量AVE值也全部高于0.5，而且组合信度都在0.70以上，充分显示量表具有很强的收敛效度。

博士生感知教育服务质量量表的研究结果进一步验证了PZB（1988）的观点，证实了在博士生教育服务提供过程中，教职工提供教育服务的方式、态度、语言和行为都会对学生感知服务质量有重要的影响[17]。另外，也验证了SERVQUAL量表的维度划分适用于博士生教育服务领域，但在维度定义和测量题项上需要修改。这正与Lampley（1999）、Ham CL（2003）、Barnes（2007）、罗长富（2006）等人的研究结论相一致。因此，说明博士生感知教育服务质量量表很好地反映了博士生教育服务的属性。

3. 建构并实证了学生满意度作为衡量标准的关系概念模型

博士生教育服务质量的终极标准是学生满意度，那么博士生教育服务质量的实证分析需要从二者的关系入手。学生满意度作为博士生教育服务质量的结果体现，能够有效反应其教育服务质量的关键特征。因此，本书建立了博士生感知教育服务质量与学生满意度关系的概念模型。博士生感知教育服务质量选取了有形性、可靠性、响应性、保证性和移情性5个变量；学生满意度选取了情感满意度和认知满意度2个变量；并建立了博士生教育服务质量对学生满意度具有正向影响的10个因果假设。构建此概念模型为博士生教育服务质量的实证分析提供了新的视角。

根据概念模型，选取了全国30所高校的博士生作为调查对象，通过访谈和文献参考编制问卷，经过预测试，最终开发出由51个题项组成的博士生教育服务质量与学生满意度调查问卷。该问卷为研究博士生教育服务质量提供了新工具。

实证结果表明博士生教育服务质量5个维度对学生满意度的影响程度存在差异，但响应性维度对认知满意度的直接影响作用没有通过显著性检验。可能原因为认知因素是对事物或现象的认识和看法，而响应性是服务接触瞬间高校的行为和态度，观测的对象不是一个象限中的问题，因而导致二者的关系并不显著。其余4个维度均对学生满意度产生正向的显著影响。其中，可靠性对学生满意度的作用最明显，路径系数为0.87和0.89，（$p<0.01$）。本书推断，博士生最注重博士生教育服务中的课程教学服务、导师指导服务和学术交流服务的质量，而且课程设置的合理性、内容的精深程度、教学方式的多样化均可满足博士生学习掌握高深专业知识动机的需求，导师对学位论文的指导及指导效果均可满足博士生求学动机中科研能力提升的需要，进而有助于形成满意的教育服务质量。

在博士生教育服务质量的其他维度，有形性对学生满意的影响作用达到了0.61和0.78（$p<0.01$），其中，有形性对学生满意度中的认知因素影响较大一些，充分说明博士生对教育服务中的实体环境和信息展示质量的感知是学生满意与否的重要前因。响应性对学生满意度中的情感因素具有影响作用，路径系数为0.72，其中及时性测量题项的因子载荷系数要略高于有效性的因子载荷系数，说明在响应性中，博士生对及时性的关注程度要比有效性的关注程度高，

也是源于响应性主要指博士生接受教育服务的真实瞬间的一种情感反应的结果。保证性对学生满意具有影响作用，路径系数为0.75和0.83，说明博士生对其教育服务质量是否满意，直接取决于对高校服务人员的态度和胜任力的感知。贡献最小的是移情性，路径系数为0.67和0.71，说明满足博士生个性化需要和学生满意之间的作用关系并不强烈，即移情性不是决定博士生满意度的决定性因素。

7.2 研究贡献

贡献一：改进已有的研究视角，明确博士生教育的服务属性，建立了博士生教育服务质量的分析框架。

当前，学界对博士生教育质量的研究存在一定的模糊性，并没有先对其属性进行分析，导致博士生教育质量的研究很难建立科学的分析框架。研究博士生教育质量不能只从问题出发，而应该首先明确研究对象的基本属性，从服务与产品的视角，既可以把博士生教育看成是一种"产品"，也可以把博士生教育看成是一种服务。虽然两种研究视角的侧重点不同，但是并不互相排斥。因此，本书从服务角度对博士生教育质量进行研究，在遵循研究生教育基本属性、特征及一般原理的基础上，综合运用服务管理理论和ISO 9000：2015标准，将博士生教育质量置于博士生感知教育服务质量视阈下，从博士生感知教育服务质量、学生满意度与其关系的两方面入手，构建基于学生感知的博士生教育服务质量分析框架。

该框架主要分为三个层次：首先，从服务管理理论中服务与产品的区别出发，明确博士生教育也可以看成一种服务。依据服务的定义，界定博士生教育服务的概念。在此基础上，分析博士生教育服务的特征。最后，分析博士生教育服务的构成要素。其次，运用ISO9000：2015标准中"质量"的定义，对博士生感知教育服务质量的内涵进行界定。依据"质量"的基本要素，从质量特性、质量要求及满足程度三个方面对博士生感知教育服务质量进行分析。质量特性、质量要求和满足程度决定了博士生感知教育服务质量的基本构成。第三，阐释博士生感知教育服务质量与学生满意度的因果关系。依据感知服务质量研究成果和ISO9000质量标准的核心思想，论证学生满意度作为博士生教育服务质量的结果体现的合理性和局限性。高校根据二者之间的因果结构关系，改进相关的博士生教育服务质量。

本书与已有研究的不同之处：从服务与产品的区别出发，论证博士生教育的过程也是一种服务过程，以此来博士生教育服务质量。从博士生教育服务的体验性与高参与性的角度，提出博士生感知教育服务质量。本书围绕博士生感知教育服务质量进行研究，可以突出学生的主体地位。另外，选取学生满意度作为衡量博士生教育服务质量的一个标准，也突破了原有的就质量而测量质量的研究范式。

该创新点在理论上的贡献：该分析框架围绕博士生感知教育服务质量核心问题而建立，对服务、博士生教育服务、质量、博士生教育质量、学生满意度等核心概念作出界定，分析其特征及构成要素，并对研究中涉及的主要关系做出阐释。最终从博士生感知教育服务质量和博士生教育服务质量对学生满意度的作用关系两个方面来观测博士生教育服务质量的现实状态，为博士生教育质量改进研究提出一种新的思路和分析框架。

贡献二：明确建构出博士生感知教育服务质量的维度，并开发出相应的测量量表。

博士生感知教育服务质量量表将分析框架、已有相关研究及博士生访谈结果进行融合，提出博士生感知教育服务质量的概念与构成维度，包括有形性、可靠性、响应性、保证性和移情性5个主维度和11个子维度，并开发出具有较高的信度和效度的多维多层测量量表。这既体现了博士生感知教育服务质量的丰富内涵，又使测量上更加的简单易操作。另外，经过实证研究证明本量表可以为其他研究者提供借鉴，并可以为高校诊改博士生教育服务质量提供有效的工具。

本书与已有研究的不同之处：博士生教育服务质量量表以博士生的感知为设计宗旨，其测量题项均为博士生教育服务过程中，教职工的语言、态度、行为等，体现了突出博士生在学体验的新理念，从博士生参与感知博士生教育服务的视角，观测其为博士生服务过程中的质量，弥补了以往以科研结果、学位论文质量等结果为导向的质量测量的缺陷。该量表能够很好的测量出博士生教育服务过程的质量，抓住其关键质量及存在问题。

该创新点的贡献：博士生教育服务质量量表从服务视角为高校提供了测量博士生教育质量的工具。从而为高校诊断与改进博士生教育质量工作提供数据性支持。

贡献三：构建了学生满意度作为衡量博士生教育服务质量标准的关系概念模型，揭示出博士生教育服务质量的关键维度和重要改进方向

目前已有研究鲜有将学生满意度作为衡量博士生教育服务质量的重要参数。通过本书分析框架得出学生满意度作为测量博士生教育服务质量标准的可行性。本书首先通过文本分析析出已有研究的教育服务质量维度，根据博士生访谈和博士生教育服务质量的分析框架，能够将博士生感知教育服务质量划分成有形性、可靠性、响应性、保证性和移情性五个维度，并做出定义。同时，通过案例访谈和已有研究结论，将学生满意度划分为情感满意度和认知满意度两个维度。在此基础上，秉持教育服务质量导向学生满意的思路，构建出多维度、多层次的博士生教育服务质量与学生满意度关系的概念模型，实现学生满意度作为衡量博士生教育服务质量的标准构建。学生满意度分为情感满意度和认知满意度两个维度，共建立起10个研究假设，认为博士生教育服务质量五维度均对学生满意度存在正向影响关系。最后，通过实证考察博士生教育服务质量各维度对学生满意度的影响关系，并进行分析。

本书与已有研究的不同之处：本次研究首次提出学生满意度作为衡量博士生教育服务质量的重要参考标准。通过观测博士生教育服务质量各维度对学生满意度各维度的作用关系的强弱，找出学生对博士生教育服务质量最不满意的维度和博士生教育服务质量影响学生满意度的关键维度，为高校提高博士生教育服务质量找到改进方向。

该创新点的理论贡献：不同于现有的研究中多采用单一的质量量表对博士生教育服务质量进行测量的研究范式，本书兼顾博士生教育服务质量的现实状态，又将学生满意度作为博士生教育服务质量的重要参数，建立博士生教育服务质量与学生满意度关系的概念模型，并通过实证数据进行检验。即做到了，对博士生教育服务质量与学生满意度的因果关系进行分析，对二者的构成维度进行划分，博士生教育服务质量与学生满意度关系的构建在科学可行的基础上，通过实证检验手段找出博士生教育服务质量的关键维度，为找到博士生教育质量改进方向提供了新的思路与方法。

7.3 研究局限

本次研究虽提出了具有学术创新性的观点，但是仍存在以下局限性：

（1）在研究样本上，本书只针对我国30所高校进行了数据收集，虽然各假设与研概念模型得到了较好的验证，但是对于研究结论的普适性有待于进一步的验证。另外，由于语言、文化等的限制，没有对外国高校的博士生或留学博士生进行调查。本次研究仅以国内的具有博士学位授予权的高校的在校博士生作为调查对象，所以结论只能代表我国高校的在学博士生的教育服务情况，能否推论到其他国家和留学生教育服务上，有待于进一步的检验。

（2）在研究的时间节点上，限于研究条件和时间等原因，本书只收集了横截面数据对概念模型进行了验证。数据分析只停留在调查的那一瞬间博士生对接收的教育服务质量的感知和满意程度，仍处于静态面的研究，没有做追踪式的调查。

7.4 未来的研究

针对以上的研究局限，在以后的研究中，可以从如下几个方面进一步深化现有的研究：

（1）博士生教育服务质量量表的发展与应用

本书的博士生教育服务质量量表是在中国博士生教育发展的背景下开发的，并未考虑其他国家或地区的不同因素对博士生教育服务质量的影响作用。不同的文化和社会发展状况以及不同的博士生教育服务内容，未必只有这5个维度决定博士生教育服务质量的水平。因此可以认为，在不同国家不同的发展阶段，博士生教育服务质量的维度仍需要进一步的拓展和精炼。该量表应该在更为广泛的博士生群体中进行验证，在测度项的语言表达上进一步的斟酌和修正，使感知博士生教育服务质量量表更完善。

(2)博士生的期望和感知价值对博士生教育服务质量与学生满意度的关系的影响

本次研究并没有考虑博士生的期望对感知教育服务质量和满意度的影响,通过文献可知,期望能够影响人对服务质量的感知以及满意度的评价,这是未来研究的方向。另外,在博士生教育服务的环境下,博士生参与度是否是教育服务质量与博士生满意度的调节变量,也有待于进一步的验证。

(3)运用案例研究法

本次研究只运用数据分析的结果对博士生教育服务质量的现状及存在的问题进行了分析,在未来的深入研究中,打算运用案例研究的方法选择典型案例,对博士是教育服务质量的现状、问题及成因进行深入分析,增强结论的说服力。

参考文献

[1] 国务院学位委员会 教育部 人事部 《关于开展全国博士质量调查工作的通知》（学位〔2007〕30号）. http: //www.moe.edu.cn/s78/A22/moe_847/tnull_26655.html.

[2] 国务院学位委员会 教育部 《关于加强学位与研究生教育质量保证和监督体系建设的意见》（学位〔2014〕3号）http: //old.moe.gov.cn//publicfiles/business/htmlfiles/moe/s7065/201403/165554.html.

[3] 教育部 国务院学位委员会 《学位与研究生教育发展"十三五"规划》（教研〔2017〕1号）http: //yz.chsi.com.cn/kyzx/kydt/201701/20170122/1580023975.html

[4] 中国博士质量分析课题组. 中国博士质量报告[M]. 北京大学出版社, 2010.

[5] 周光礼等. 中国博士质量调查[M]. 社会科学文献出版社, 2010.

[6] Park C. New Variant PhD: The Changing Nature of the Doctorate in the UK.[J]. Journal of Higher Education Policy & Management, 2005, 27(2): 189-207.

[7] 7 罗英姿, 刘泽文, 张佳乐, 等. 基于IPOD框架的博士生教育质量研究——以涉农学科为例[J]. 高等教育研究, 2017(5).

[8] 8 殷玉新. 转向"过程本位"的研究生教育质量评价[J]. 学位与研究生教育, 2016(7): 19-24.

[9] Grönroos C. A Service Quality Model and its Marketing Implications[J]. European Journal of Marketing, 1993, 18(4): 36-44.

[10] Parasuraman A., Zeithaml V. A., L BL. A Conceptual Model of Service Quality and its Implications for Future Research[J].Journal of Marketing, 1985.49: 44.

[11] Booms Bernard H., Bitner, Mary J. Marketing Services by Managing the

Environment[J]. Cornell Hotel &Restaurant Administration Quarterly, 1983, 23(1): 47-62.

[12] Oliver R L. Service quality: insights and managerial implications from the frontier. quality: new directions in theory and practice[M].London: Sage Publications.Holbrook, M.B., 1994.

[13] Cronin J J, Taylor S A. Measuring Service Quality: A Reexamination and Extension[J]. Journal of Marketing, 1992, 56(3): 55-68.

[14] Brady M K, Cronin J. Some new thoughts on conceptualizing perceived service quality: A hierarchical approach.[J]. Journal of Marketing, 2001, 65(3): 34-49.

[15] 黄耀杰, 徐远. 服务质量的定义及内涵界定[J]. 武汉理工大学学报·信息与管理工程版, 2008(1): 165-168.

[16] 范秀成.服务质量管理交互过程与交互质量.南开管理评论, 1999(1): 8-13.

[17] 陈朝兵. 公共服务质量: 一个亟待重新界定与解读的概念[J]. 中共天津市委党校学报, 2017, 19(2): 74-81.

[18] Brady, M.K. and Cronin Jr, J. Some new thoughts on conceptualizing perceived service quality: hierarchical approach[J].Journal of Marketing, 2001, 65(3): 9-34.

[19] 朱沆, 汪纯孝. 服务质量属性的实证研究商业研究.商业研究, 19996(6): 82-85.

[20] 白长虹, 陈晔. 一个公用服务质量测评模型的构建和分析: 来自中国公用服务业的证据[J]. 南开管理评论, 2005, 8(4): 4-11.

[21] 陈学军. 服务质量和企业形象关系的实证研究[J]. 人类工效学, 2001, 7(1): 33-35.

[22] Parasuraman A., Zeithaml V, Berry L L. SERVQUAL. A Multiple-Item Scale for Measuring Consumer Perceptions Consumer Perceptions of Service Quality Journal of Retailing, 1988, 64, 1(Spring): 12-24.

[23] Carman J M. Consumer Perceptions of Service Quality: an Assessment of the SERVQUAL Dimensions[J]. Journal of Retailing, 1990, 66(1): 33-55.

[24] Finn D W, Lamb C W. An Evaluation of the SERVQUAL Scales in a Retailing

Setting[J]. Advances in Consumer Research, 1991, 18(1): 483-490.

[2] Brown, T.J. et al. Research Note: Improving the Measurement of Service Quality[J] .Journal of Retailing, 1993, 69(3): 127-139.

[26] 刘俊学. 高等教育服务质量论[M]. 湖南大学出版社, 2002.

[27] 胡子祥. 高等教育顾客感知服务质量的实证研究[J]. 西南大学学报(社会科学版), 2006, 32(1): 135-141.

[28] 洪彩真, 潘懋元, 史秋衡. 高等教育服务质量与学生满意度研究[J]. 高等教育研究, 2009(3): 67-67.

[29] 罗长富. 研究生教育服务质量管理研究[D]. 中国农业科学院, 2006.

[30] Matthew D. Shank PhD, Mary Walker PhD, Thomas Hayes PhD. Understanding Professional Service Expectations: Do We Know What Our Students Expect in a Quality Education?[J]. Journal of Professional Services Marketing, 1995, 13(1): 71-89.

[31] Cuthbert PF, Managing service quality in HE: is SERVQUAL the answer? [J].Managing Service Quality, 1996(6): 11-16.

[32] Licata J, Frankwick GL, University Marketing: A Professional Service Organization Perspective, Journal of Marketing for Higher Education, 1996, 7: 1-16.

[33] 马万民. 高等教育服务质量管理的理论与应用研究[D]. 南京理工大学, 2004.

[34] Juran J M. Quality control handbook[J]. 1988, 6(19): 157-159.

[35] Gordon, G. and Partigon, P.Quality in higher education: overview and update [M]. Briefing Paper Three, USDU, Sheffield, 1993.

[36] 胡子祥.高等教育顾客感知服务质量的实证研究[D].西南交通大学, 2006.10.

[37] Abdullah F. Measuring service quality in higher education: HEdPERF versus SERVPERF[J]. Marketing Intelligence & Planning, 2005, 24(1): 31-47.

[38] Gary Don Schwantz BSHE, M.ED, Service quality in higher education: Expectations and perceptions of traditional and non-traditional students[D]. Texas; Texas Tech University, 1996: 44-83.

[39] Oldfield B M, Baron S. Student perceptions of service quality in a UK university business and management faculty[J]. Quality Assurance in

Education, 2000, 8(2): 85-95.

[40] Lampley JH, Service Quality in Higher Education: Expectations Versus Experiences of Doctoral Students at State-supported Universities in Tennessee [D].Tennessee; East Tennessee State University, 1999: 55-79.

[41] Hadikoemoro S, A Comparison of Public and Private University Students' Expectations and Perceptions of Service Quality in Jakarta, Indonesia[D]. Florida; Nova Southeastern University, 2001: 50-74.

[42] 顾佳峰. 高等教育服务质量研究——以北京大学为例[J]. 黑龙江高教研究, 2006(6): 5-10.

[43] 欧阳河等. 学生评价高等教育服务质量实证研究——以湖南高校2008届毕业生满意度调查为例[J].现代大学教育, 2008(6): 30-41.

[44] 张美娇, 韩映雄.博士研究生培养质量的学科差异分析——基于学生满意度的问卷调查研究[J].高教发展与评估, 2011, 27(1): 67-72.

[45] 刘敬严.基于服务营销视角的高等教育质量管理研究[D].天津大学, 2009.2.

[46] Hill F M. Managing service quality in higher education: the role of the student as primary consumer[J]. Quality Assurance in Education, 1995, 3 (3): 10-21.

[47] Joseph B, Joseph M. Service quality in education: a student perspective [J]. Quality Assurance in Education, 1997, 5(5): 15-21.

[48] Angell R J, Heffernan T W, Megicks P. Service Quality in Postgraduate Education.[J]. Quality Assurance in Education, 2008, 16(3): 236-254.

[49] 宋彦军.高职教育服务质量评价研究[D].天津大学, 2008.1.

[50] Abdullah F. The development of HEdPERF: a new measuring instrument of service quality for the higher education sector[J]. International Journal of Consumer Studies, 2010, 30(6): 569-581.

[51] G.E. Icli* and N.K. Anil.The HEDQUAL scale: A new measurement scale of service quality for MBA programs in higher education, S.Afr.J.Bus. Manage.2014, 45(3): 31-44.

[52] Senthilkumar N, Arulraj A. SQM-HEI – determination of service quality measurement of higher education in India[J]. Journal of Modelling in

Management.2011, 6(1): 60-78.

[53] 中国博士质量分析课题组. 中国博士质量报告[M]. 北京大学出版社, 2010.

[54] 罗英姿, 程俊. "以学生为中心"的博士生教育质量评价[J]. 学位与研究生教育, 2014(6): 60-65.

[55] 张宇青, 尹燕, 王艺潼. 博士生教育服务质量满意度分析-基于南京五所高校的调查[J]. 中国青年研究, 2014(8): 5-15.

[56] 许长青. 高校博士生教育质量满意度研究[J]. 华中师范大学学报(人文社会科学版), 2010, 49(2): 136-145.

[57] 顾剑秀, 罗英姿. 学生职业发展需求视角下博士生培养满意度评价及其影响因素——基于江苏省8所高校的经验研究[J]. 复旦教育论坛, 2016, 14(2): 72-78.

[58] Oliver R L. A cognitive model of the antecedents and consequences of satisfaction decisions[J]. Journal of Marketing Research, 1980, 17(4): 460-469.

[59] Kotler, Philip. Marketing management: analysis, planning, implementation, and control = 营销管理: 分析、计划、执行[M]. 清华大学出版社, 1997.

[60] Garbarino E, Johnson M S. The Different Roles of Satisfaction, Trust, and Commitment in Customer Relationships[J]. Journal of Marketing, 1999, 63(2): 70-87.

[61] Anderson E W, Lehmann D R. Customer Satisfaction, Market Share, and Profitability: Findings From Sweden[J]. Journal of Marketing, 1994, 58(3): 53-66.

[62] Anderson J C, Narus J A. A Model of Distributor Firm and Manufacturer Firm Working Partnerships[J]. Journal of Marketing, 1990, 54(1): 42-58.

[63] Churchill G A, Surprenant C. An investigation into the determinants of customer satisfaction.[J]. Journal of Marketing Research, 1982, 19(4): 491-504.

[64] Tse D K, Wilton P C. Models of Consumer Satisfaction Formation: An Extensions[J]. Journal of Marketing Rearch, 1988, 25(5): 204-212.

[65] Beltyukova S A, Fox C M. Student Satisfaction as a Measure of Student

Development: Towards a Universal Metric[J]. Journal of College Student Development, 2001, 43(2): 161-172.

[66] Bean J P, Metzner B S. A Conceptual Model of Nontraditional Undergraduate Student Attrition[J]. Review of Educational Research, 1985, 27(55): 485-540.

[67] Oliver R L. Processing of the Satisfaction Response in Consumption: A Suggested Framework and Research Propositions[J]. Acta Crystallographica, 1989, 38(4): 483-491.

[68] Brown, James B. An Analysis of Student Satisfaction at the Community College of Baltimore County, Catonsville[D]. A Dissertation Submitted for the Degree of Doctor of Education, Wilmington College, 2005: 11.

[69] 石贵成, 卜慧美. 高校服务品质、学生满意度与忠诚度之关系研究[J]. 高等工程教育研究, 2012(4): 90-98.

[70] 鲍威. 高校学生院校满意度的测量及其影响因素分析[J]. 教育发展研究, 2014(3): 22-29.

[71] 张倩, 岳昌君. 高等教育质量评价与学生满意度[J]. 中国高教研究, 2009(11): 40-43.

[72] Grönroos C. From Scientific Management to Service Management[J]. International Journal of Service Industry Management, 2013, 5(1): 5-20.

[73] 刘月, 罗利. 服务管理理论研究进展[J]. 管理评论, 2004, 16(4): 33-38.

[74] Nomann, R. Service management [M]. Wiley, Chichester, 1984.

[75] 菲利普科特勒. 市场营销管理：亚洲版第二版[M]. 中国人民大学出版社, 2002.

[76] Grönroos C, Heinonen F, Isoniemi K, et al. The NetOffer model: a case example from the virtual marketspace[J]. Management Decision, 2000, 38(4): 243-252.

[77] Bloom P N. Effective marketing for professional services.[J]. Harvard Business Review, 1984, 62(5): 102.

[78] 张勇, 柴邦衡. ISO 9000质量管理体系[M]. 机械工业出版社, 2015: 37.

[79] 厉以宁. 关于教育产业化的几个问题[J]. 北京成人教育, 1999(7): 25-28.

[80] 张勇, 柴邦衡. ISO 9000质量管理体系[M]. 机械工业出版社, 2015: 88.

[81] Surprenant C F, Solomon M R. Predictability and Personalization in the Service Encounter[J]. Journal of Marketing, 1987, 51(2): 86-96.

[82] Aalst W M P V D, Mooij A J, Stahl C, et al. Service Interaction: Patterns, Formalization, and Analysis[M]// Formal Methods for Web Services. Springer Berlin Heidelberg, 2009: 42-88.

[83] 罗尧成, 朱永东, 杨扬. 我国高校博士生参与课题的现状分析及研究建议——基于三所"985工程"高校调查问卷的统计[J]. 复旦教育论坛, 2009, 7(6): 19-25.

[84] Gorman W P. Marketing Approaches for Promoting Student enrollment in higher Education Institutions.[J]. College & University, 1974.

[85] M.Nerad &J.Cerny. Ten Years after Graduation of Doctors [EB/OL] [2016.10.17]. http://depts.washington.edu/coe/cirge.

[86] Ham CL, Service Quality, Customer Satisfaction, and Customer Behavioral Intentions in Higher Education[D]. Florida; Nova Southeastern University, 2003: 52-104.

[87] 约瑟夫·M·朱兰, 约瑟夫·A·德费欧, 朱兰, 等. 朱兰质量手册[M]. 中国人民大学出版社, 2014.

[88] DA Garvin. What Does "Product Quality" Realy Mean?[J]. Harvard University Fall, 1984, 26, (1): 25-43.

[89] 戴明. 戴明论质量管理[M]. 海南出版社, 2003.

[90] 张勇, 柴邦衡. ISO 9000质量管理体系[M]. 机械工业出版社, 2015: 98-99.

[91] 洪彩真. 高等教育服务质量与学生满意度研究——以福州、厦门、泉州高职院校为例[D]. 厦门大学, 2007.

[92] 林美杏. 服务质量、顾客满意与台湾补习学校服务营销研究[D]. 中南大学, 2012.

[93] 李志英.高校教师工作满意度研究[D].华东师范大学, 2011.3.

[94] Oliver R L. Satisfaction: A Behavioral Perspective on The Consumer[J]. Asia Pacific Journal of Management, 1997, 2(2): 285-286.

[95] Oliver R L.Customer satisfaction with service[M]. Teresa A , and Dawn

Iacobucci , eds. Handbook of Services Marketing&Management. Thousand Oaks: Sage Publications.

[96] Beltyukova S A, Fox C M. Student Satisfaction as a Measure of Student Development: Towards a Universal Metric[J]. Journal of College Student Development, 2001, 43(2): 161-172.

[97] Liljander V, Strandvik T. The nature of customer relationships in services[C]. Advances in Services Marketing and Management: Research and Practice. 1995.

[98] Hernon, Peter, Nitecki, Danuta A. Service Quality: A Concept not Fully Explored[J]. Library Trends, 2001, 49(4): 687-708.

[99] Parasuraman A, Zeithaml V, Berry L. Alternative scales for measuring service quality: A comparative assessment based on psychometric and diagnostic criteria[J]. Journal of Retailing, 1994, 70(3): 193-194.

[100] 梅基, 博科斯基, 张金萍, 娄枝.博士生教育评估——改善结果导向的新标准与新模式[M].上海交通大学出版社, 2011: 64.

[101] 汪纯孝, 蔡浩然.服务营销与服务质量管理[M].中山大学出版社, 1996.

[102] 包惠, 胡培.服务质量分析及评价研究[J].软科学, 2000, 14(4): 20-23.

[103] Leblanc G, Nguyen N. Listening to the customer's voice: examining perceived service value among business college students[J]. International Journal of Educational Management, 1999, 13(4): 187-198.

[104] M.J. Bitner, A.R. Hubbert. Encounter satisfaction versus overall satisfaction versus quality: The customer's voice[M].Sage Publication, London, 72-94.

[105] Westbrook R A, Oliver R L. Developing Better Measures of Consumer Satisfaction: Some Preliminary Results[J]. Advances in Consumer Research, 1981, 16: 94-99.

[106] Crosby L A, Stephens N. Effects of Relationship Marketing on Satisfaction, Retention, and Prices in the Life Insurance Industry[J]. Journal of Marketing Research, 1987, 24(4): 404-411.

[107] Sureshchandar G S, Rajendran C, Anantharaman R N. The relationship between service quality and customer satisfaction: a factor specific approach

[J]. Journal of Services Marketing, 2002, 16(4): 363-379.

[108] Ciornea R, Bacila M F. Development of an Instrument for Measuring Student Satisfaction in Business Educational Institutions[J]. Amfiteatru Economic, 2014, 16(37): 677-691.

[109] Westbrook R A. Intrapersonal Affective Influences on Consumer Satisfaction with Products[J]. Journal of Consumer Research, 1980, 7(1): 49-54.

[110] Westbrook R A, Oliver R L. The Dimensionality of Consumption Emotion Patterns and Consumer Satisfaction[J]. Journal of Consumer Research, 1991, 18(1): 84-91.

[111] Oliver R L. A cognitive model of the antecedents and consequences of satisfaction decisions[J]. Journal of Marketing Research, 1980, 17(4): 460-469.

[112] 陈寒松. 基于知识观的家族企业代际传承研究[J]. 财贸研究, 2009(4): 102-109.

[113] 孟昭兰. 情绪心理学(北京大学心理学教材)[M]. 北京大学出版社, 2005.

[114] 刘清峰, 晁钢令. 服务产品质量与价格认知一致性对顾客满意度的影响[J]. 上海经济研究, 2010(2): 105-111.

[115] Menon K, Dubé L. Ensuring greater satisfaction by engineering salesperson response to customer emotions[J]. Journal of Retailing, 2000, 76(3): 285-307.

[116] Izard, Carroll E. Measuring emotions in infants and children [M]. Cambridge University Press, 1982.

[117] Oliver R L. Cognitive, Affective, and Attribute Bases of the Satisfaction Response[J]. Journal of Consumer Research, 1993, 20(3): 418-430.

[118] Westbrook R A. Product or Consumption-Based Affective Responses and Postpurchase Processes [J]. Journal of Marketing Research, 1987, 24(3): 258-270.

[119] Shanker Krishnan H, Olshavsky R W. The Dual Role of Emotions in Consumer Satisfaction or Dissatisfaction[J]. Advances in Consumer Research, 1995, 22(1): 454-461.

[120] Dean A, Yu Y. The contribution of emotional satisfaction to consumer loyalty [J]. International Journal of Service Industry Management, 2001, 12(3): 234-250.

[121] Phillips D M, Baumgartner H. The role of consumption emotions in the satisfaction response [J]. Journal of Consumer Psychology, 2002, 12(3): 243-252.

[122] 温碧燕, 韩小芸, 伍小奕, 等. 顾客的消费情感与顾客满意感关系的实证研究 [J]. 旅游科学, 2003, 17(4): 1-6.

[123] Hernon P, Nitecki D A, Altman E. Service quality and customer satisfaction: An assessment and future directions [J]. Journal of Academic Librarianship, 1999, 25(1): 9-17.

[124] Dado J, Petrovicová J T, Riznic D, et al. Linking service quality and satisfaction to behavioural intentions in higher education setting [J]. Ekonomicky Casopis, 2013, 61(6): 578-596.

[125] Bitner M J. Evaluating service encounters: The effects of physical surroundings and employee responses [J]. Journal of Marketing, 1990, 54(54): 69-82.

[126] Raposo H A M. Conceptual Model of Student Satisfaction in Higher Education [J]. Total Quality Management, 2006, 17(9): 1261–1278.

[127] 冀惠. 全日制专业学位研究生教育服务质量满意度指数研究 [D]. 华东师范大学, 2012.

[128] 吕维霞, 王永贵. 公众感知行政服务质量对政府声誉的影响机制研究 [J]. 中国人民大学学报, 2010, 24(4): 117-126.

[129] 周涛, 鲁耀斌. 基于SERVQUAL的消费者网上重复购物行为研究 [J]. 管理科学, 2007, 20(3): 61-67.

[130] Leblanc G, Nguyen N. Searching for excellence in business education: an exploratory study of customer impressions of service quality [J]. International Journal of Educational Management, 1997, 11(2): 72-79.

[131] 孔祥沛. 基于满意度的研究生过程质量分析研究 [J]. 中国高教研究, 2011(5): 44-48.

[132] 王齐. 高校教育服务质量感知的定量研究[J]. 高等工程教育研究, 2003(6): 20-23.

[133] Richard Emanuel, J. N. Adams. Assessing college student perceptions of instructor customer service via the Quality of Instructor Service to Students (QISS) Questionnaire[J]. Assessment & Evaluation in Higher Education, 2006, 31(5): 535-549.

[134] 刘源. 研究生教育质量功能展开模型建构与应用研究[D]. 华南理工大学, 2013.5.

[135] 张广斌, 陈向明. 研究生课程内容研究: 价值、选择与组织——基于我国研究生课程现状调研的分析[J]. 学位与研究生教育, 2011(10): 23-30.

[136] Cuthbert P F. Managing service quality in HE: is SERVQUAL the answer? Part 1[J]. Journal of Service Theory & Practice, 1996, 6(3): 31-35.

[137] Barnes B R. Comparing Service Quality among EU and International Postgraduate Management Students[J]. International Journal of Management Education, 2007, 6(1): 15-25.

[138] Schoefer K, Ennew C. The impact of perceived justice on consumers' emotional responses to service complaint experiences[J]. Journal of Services Marketing, 2005, 19(5): 261-270.

[139] Russell J A, Barrett L F. Core affect, prototypical emotional episodes, and other things called emotion: dissecting the elephant.[J]. Journal of Personality & Social Psychology, 1999, 76(5): 805-19.

[140] Izard C E. Human Emotions[J]. Emotions Personality & Psychotherapy, 1977, 453-480.

[141] Wirtz J, Bateson J E G. Consumer Satisfaction with Services: Integrating the Environment Perspective in Services Marketing into the Traditional Disconfirmation Paradigm[J]. Journal of Business Research, 1999, 44(1): 55-66.

[142] Wirtz J, Mattila A S, Tan R L P. The moderating role of target-arousal on the impact of affect on satisfaction—an examination in the context of service experiences[J]. Journal of Retailing, 2000, 76(3): 347-365.

[143] 韩小芸, 温碧燕, 伍小奕. 顾客消费情感对顾客满意感的影响[J]. 南开管理评论, 2004, 7(4): 39-43.

[144] Fornell C, Bryant B E. The American Customer Satisfaction Index: Nature, Purpose, and Findings[J]. Journal of Marketing, 1996, 60(4): 7-18.

[145] Nunnally J C. Psychometric theory.[J]. American Educational Research Journal, 1967, 5(3): 83.

[146] 余建英. 数据统计分析与SPSS应用[M]. 人民邮电出版社, 2003.

[147] 袁腾. 社会资本对高技术产业集群中企业协同成长影响研究[D]. 大连理工大学, 2014.

[148] Bagozzi R P, Yi Y. On the evaluation of structural equation models[J]. Journal of the Academy of Marketing Science, 1988, 16(1): 74-94.

[149] 丁尚. 基于供应链企业合作博弈的利益分配模型研究[D]. 长沙: 长沙理工大学, 2009.

[150] 谢荷锋. 企业员工知识分享中的信任问题实证研究[D]. 杭州: 浙江大学, 2007.

[151] 王彦勇. 基于利益相关者的品牌治理研究[D]. 济南: 山东大学, 2014.

附录A　调查问卷

关于博士生教育服务质量与学生满意度的调查问卷

亲爱的同学：

您好！非常感谢您在百忙之中参与本次问卷调查！该调查是本人博士论文的一部分，它旨在了解博士生在学期间接受的教育服务的真实体验及其满意程度。请您基于所在学校提供的学术服务和生活服务的实际情况以及您自身的真实感受作答。本书将严格按照《统计法》的相关规定，资料信息仅限于科研统计使用，您的个人信息与作答结果将被严格保密。

填答问卷时，所有的题项均为单选必答题，只要在相应的选项上打即可。问卷中的数字1-5表示同意的程度由弱到强，1表示非常不符合（非常不同意），5表示非常符合（非常同意）。最后，非常感谢您在百忙之中参与本次问卷调查。

大连理工大学高等教育研究院　邵宏润

联系方式：hongrun789@163.com，手机：13664239604

一、请根据您在校的学习生活的实际情况，对下列项目进行判断。

	非常不符合	不太符合	一般	比较符合	非常符合
1.学校为我提供先进的教学、科研设施设备。	1	2	3	4	5
2.学校的图书资源（实体和网络）充裕且获取便利。	1	2	3	4	5
3.宿舍的各种设施非常完备便利。	1	2	3	4	5
4.学校提供较为齐全的体育运动设施。	1	2	3	4	5
5.学校通过各种方式向博士生提供教育相关的政策规定、办事指南、培养方案等信息。	1	2	3	4	5

6.学校能够规范准确地提供学位授予标准、学科专业、学术规范等学位学科信息。	1	2	3	4	5
7.学校经常向我提供思想教育、奖助学金、评优、保险、就业等信息。	1	2	3	4	5
8.课程内容非常具有学科前沿性。	1	2	3	4	5
9.课程内容中知识的精深度非常强。	1	2	3	4	5
10.公共课、选修课和专业课的结构比例非常合理。	1	2	3	4	5
11.根据课程内容的需要教师总是采取多样化的授课形式。	1	2	3	4	5
12.导师经常询问论文进展情况,并给予指导。	1	2	3	4	5
13.导师非常重视引导我熟悉本学科或相关领域的基础理论知识和方法。	1	2	3	4	5
14.导师在指导学位论文、课题与实验等之前都会做充分准备。	1	2	3	4	5
15.导师能帮助我解决我研究中的大多数的困惑。	1	2	3	4	5
16.导师对我的科研能力的提升帮助很大。	1	2	3	4	5
17.我参加1次及以上的境外高水平的国际学术会议、论坛和国际交流计划等。	1	2	3	4	5
18.我经常参加过全国博士生学术论坛、全国学术会议等。	1	2	3	4	5
19.我经常参加过校内博士生论坛、学术报告、学术沙龙等。	1	2	3	4	5
20.学校及时发布各种学术活动信息,有变更时快速通知我。	1	2	3	4	5
21.课堂中遇到的问题教师总能做出迅速回应。	1	2	3	4	5
22.当到行政部门办理事务时,行政人员即使再忙也及时回应我。	1	2	3	4	5
23.学校提供维修等后勤服务时,等待时间较短。	1	2	3	4	5
24.在学期间,学校提供的服务非常满足我的科研需要。	1	2	3	4	5
25.行政人员为我提供服务时,极大程度的满足我当时的需求。	1	2	3	4	5
26.后勤人员提供的服务,满足了我的生活需要程度非常高。	1	2	3	4	5
27.当我到行政职能部门办理事务时,老师非常积极地帮助我。	1	2	3	4	5

28.后勤部门的工作人员非常热情地对待我。	1	2	3	4	5
29.与导师沟通时，导师态度都非常好。	1	2	3	4	5
30.行政部门的人员的业务能力较强，为博士生提供优质的服务（学位办、培养办、研工处等）。	1	2	3	4	5
31.导师的学术水平高，科研能力强。	1	2	3	4	5
32.教师专业知识非常丰富，讲课水平很高。	1	2	3	4	5
33.后勤服务人员非常专业，为我的生活提供了很大的保障。	1	2	3	4	5
34.院系经常主动关心了解学生们的学习和科研需求。	1	2	3	4	5
35.行政人员经常主动了解我的需求，为我提供个性化的服务（就业指导、公派留学、心理咨询、社会实践等）。	1	2	3	4	5
36.学校主动关心了解学生们的生活需求，提供人性化的服务（地域性小吃窗口、食堂开放时间、自主选宿舍、饮水设施等）。	1	2	3	4	5
37.我经常参与过学校的管理和政策制定的过程。	1	2	3	4	5
38.学校设有投诉与反馈平台，信息沟通非常流畅。	1	2	3	4	5
39.学校的评选奖助学金过程非常公开透明。	1	2	3	4	5
40.食堂、宿舍和校园班车等总是考虑博士生们的作息时间，提供便利。	1	2	3	4	5
二、请您根据您接受的教育服务的心理感受，对下列项目进行判断。					
1.通过接受博士生教育服务，极大地增加了我的科研的兴趣。	1	2	3	4	5
2.在接受博士生教育服务过程中，我总是感到非常愉快。	1	2	3	4	5
3.在这里攻读博士学位，我一直感到很自豪。	1	2	3	4	5
4.在接受博士生教育服务过程中，我经常感到很生气。	1	2	3	4	5
5.我经常向他人抱怨过学校的教育服务情况。	1	2	3	4	5
6.对于学校提供的各项教育服务，我经常感到很失望。	1	2	3	4	5
7.我选择在这所大学攻读博士学位是非常英明的抉择。	1	2	3	4	5
8.我所在大学提供的博士生教育服务是比较合适的。	1	2	3	4	5
9.学校提供的各项教育服务比我预期的要好很多。	1	2	3	4	5
10.学校的博士生教育服务水平比我理想中的水平要高很多。	1	2	3	4	5
11.总体上，对接受的博士生教育服务我感到很满意。	1	2	3	4	5

三、个人基本信息

1. 您的性别：□男　　　　□女
2. 您硕士阶段是否在本校就读？
　　□是　　　　□否
3. 您是博士几年级的学生？
　　□一年级　　□二年级　　□三年级　　□四年级　　□五年级及以上
4. 您的就读的学科门类是：
　　□人文学科（哲学、文学、历史学、教育学）
　　□理科（理学、医学、农学）
　　□社会科学（法学、经济学、管理学）
　　□工科（工学）
5. 您的学校是：
6. 您就读院校的类型：
　　□985工程　□211工程　□普通高校

附录B 访谈提纲

关于博士生教育服务质量的访谈提纲

（一）对博士生（含毕业生）的访谈

1. 您认为博士生教育的过程是为学生服务的过程吗？如果是，请谈谈您的经历或感受。如果您认为不是服务，请谈谈为什么。

2. 您是如何理解博士教育服务质量？如何看待当前的博士教育服务质量？

3. 如果有机会的话，您还会选择现在的学校、现在的导师、现在的专业攻读博士吗？

4. 请您谈谈对您完成博士学业最有帮助的三件事情。

5. 请您结合学习谈谈您认为学校、导师及其他管理人员要为您提供哪些方面的服务，有助于提高您的素质。请您列举相关事例具体谈谈。

6. 在学期间，你最希望学校为您提供哪些方面的服务？其中，你认为哪个是最重要的？

（二）对博士生导师的访谈

1. 教育即服务，您认为博士生教育的过程是为学生服务的过程吗？如果是，请您谈谈您是从哪几个方面为学生服务的。如果您认为不是服务，谈谈为什么。

2. 您是如何理解博士教育服务质量？如何看待当前的博士教育服务质量？

3. 请您结合工作谈谈在为博士生提供教育服务过程中，应该更多注意哪些方面的服务来提高学生的素质。请您列举相关事例具体谈谈。

4. 您认为在博士生教育服务过程上，还需做哪些方面的改进？

（三）对管理人员的访谈

1. 作为管理人员，您认为博士生教育的过程是为学生服务的过程吗？如果是，您的工作主要从哪几个方面为学生提供服务的。如果您认为不是服务，请您谈谈为什么。

2. 您是如何理解博士教育服务质量的？您如何看待当前博士教育服务质量？

3. 您觉得具有博士学位的工作人员对学生的发展作用如何？与其他群体的差异在哪里？哪些方面的素质还需加强？请您举例说明。

4. 请您谈谈在博士生管理服务上，还需做哪些方面的改进？

（四）对非博士学位工作人员的访谈

1. 您认为博士生教育的过程是为学生服务的过程吗？您是如何理解的？

2. 您的工作主要从哪几个方面为学生提供服务？

3. 您认为具有博士学位的工作人员与其他群体差异是什么？哪些方面的素质还需加强？请举例谈谈。

4. 结合您的工作谈谈，在为博士生服务上更应注意哪些方面的服务，来提高博士生的素质。请例举相关事例谈谈。

关于学生满意度的访谈提纲

1. 与刚入学时相比，您对您所研究的课题越来越有兴趣吗？都体现在哪些方面？

2. 您在接受导师指导、课程教学、学术交流、管理服务中，都有过哪些心理感受？请举例说明。

3. 您来到该校学习，有过后悔吗？

4. 与您心目中的博士生学习生活相比，您有什么感受？

5. 总体来说，您是如何看待学校为您提供的教育服务活动的？